한국의 진실을 가리는

50가지
고정관념

한국의 진실을 가리는 50가지 고정관념

초판 1쇄 인쇄 2017년 4월 15일 \ **초판 1쇄 발행** 2017년 5월 1일
지은이 박홍순 \ **펴낸이** 이영선 \ **편집 이사** 강영선 \ **주간** 김선정
편집장 김문정 \ **편집** 임경훈 김종훈 하선정 유선 \ **디자인** 김회량 정경아
마케팅 김일신 이호석 김연수 \ **관리** 박정래 손미경 김동욱

펴낸곳 서해문집 \ **출판등록** 1989년 3월 16일(제406-2005-000047호)
주소 경기도 파주시 광인사길 217(파주출판도시) \ **전화** (031)955-7470 \ **팩스** (031)955-7469
홈페이지 www.booksea.co.kr \ **이메일** shmj21@hanmail.net

© 박홍순, 2017
ISBN 978-89-7483-849-2 03300
값 13,700원

이 도서의 국립중앙도서관 출판시도서목록(CIP)은 e-CIP 홈페이지(http://www.nl.go.kr/ecip)에서
이용하실 수 있습니다.(CIP제어번호: CIP2017009075)

한국의 진실을 가리는

50가지 고정관념

당신의 나라는 그렇지 않습니다

박홍순 지음

서해문집

통념에서
벗어나야
진실을
만난다!

대부분의 사람은 고정관념 안에서 살아간다. 각 개인의 독특한 생각보다는 사회적으로 다수가 요구하는 특정 사고의 틀에서 좀처럼 벗어나지 못한다. 문제는 통념의 늪에 발목이 잡히는 순간 진실에 접근할 가능성이 매우 좁아진다는 점이다.

진실로 향하는 길은 평면이 아니라 입체다. 특히 정치, 경제, 문화 등이 얽힌 사회적 현상이라면 입체의 복잡성은 더욱 증가한다. 하나의 사건은 여러 상황은 물론이고 직간접으로 연결된 여러 주체가 맞물리면서 나타난다. 당연히 다양한 이해관계도 작용한다. 그러므로 전체 실상을 이해하고 대처하려면 앞면, 옆면, 뒷면뿐 아니라 윗면, 아랫면까지 살펴야 한다.

사회적 현상은 수학이나 과학실험처럼 단 하나의 답이나 단선적인 인과관계로 드러나지 않는다. 그러므로 진실이 '경향적'인 특성을 보이는 경우가 많다. 양 측면, 혹은 여러 측면을 포괄하지만 특정한 조건 아래에서는 그 가운데 어느 한 측면이 두드러진 역할을 한다. 또한 시대의 변화와 함께 주요한 측면이 변화하는 역동성을 지니기도 한다.

하지만 고정관념은 한 면만 비추는 평평한 거울이나 그림처럼 우리의 시선을 협소하게 제한한다. 워낙 강력해서 보는 각도마저 고정시킨다. 먼저 고정관념은 어린 시절부터 오래 축적된 관념이어서 강력하다. 보통은 부모세대의 사고방식이 아이의 성장과정 속에 스며든다. 그리고 초·중·고등학교로 이어지고 사회까지 연장된다. 최소한 10년 이상 누적되어 완강한 관성을 지닌다. 다음으로 사회적 강자의 시선을 대변하는 경향 때문에 강력하다. 통념을 만드는 가장 주요한 통로는 교육과정이나 대중매체다. 이를 움직일 수 있으려면 경제적·사회적으로 힘을 가진 세력이어야 한다. 게다가 강자의 시각은 사람들에게 신분상승이나 우월감의 대리만족이라는 착각을 불러일으켜 심리 안에 쉽게 스며든다.

완강한 관성에서 벗어나기 위해서는 정신의 용기가 필요하다. 정해진 틀에서 벗어나 스스로의 머리로 생각해야 한다. 안정된 일상에서 벗어나 홀로 미지의 세계로 여행을 떠나듯 불안을 안고 나아가야 한다. 가장 좋은 방법은 왼쪽 끝까지 걸어가보고, 다음으로 오른쪽 끝까지도 걸어가는 정신의 여행이다. 특히 상반된 위치에 있는 문제의식을 적극적으로 접해야 한다. 이런 기회가 자연스럽게 찾아오지는 않는다. 관성을 거슬러 올라가야 하기에 목적의식적으로 접근해야 기회를 만날 수 있다.

　이 책은 한국사회에서 흔히 접하는 사회 각 분야 고정관념 중에서 분야별로 전형적인 항목 50가지를 선별했다. 상식으로 여겨지는 시각을 소개하고 이에 대해 다른 시각이 어떻게 가능한지를 대조하는 방식이다. 관점을 소개하는 것을 넘어, 관련한 구체적 근거를 제시하여 논증의 성격을 강화하고자 했다. 그리하여 단지 이 책에 소개된 항목을 이해하는 것뿐 아니라 다른 고정관념을 접했을 때 스스로 의심하고 사고하는 힘을 기를 수 있도록 했다. 이 책이 자유로운 정신적 여행의 계기가 되었으면 한다.

박홍순

차례

01

기업이 성장해야 소득과 일자리가 늘어난다

기업이 희망이죠. 삶의 가장 중요한 기반인 부가 확대되고 경제가 발전하려면 기업이 성장해야 하니까요. 기업이 우수한 제품을 생산하고 매출이 늘어나야 국내총생산(GDP)도 증가해요. GDP는 나라 안에서 생산된 모든 재화의 가치를 합한 것이라 기업의 비중이 절대적일 수밖에 없죠. 국민 개인의 입장에서도 마찬가지예요. 활발한 기업 활동이 뒷받침돼야 일자리가 늘어나고 소득도 함께 개선되죠. 그러므로 국가는 기업의 자유로운 투자와 활동에 최대한 편의를 제공해야 해요.

기업의 발전이 소득과 일자리를 늘린다?

기업의 성장과 국민 개인의 소득이 꼭 일치하는 것은 아니다. 일치하는 경우도 있고, 오히려 반대 경향을 보이는 경우도 있다. 특히 한국의 현실에서는 두 가지가 자주 다른 방향으로 향한다. IMF 외환위기 이후 현재에 이르는 과정을 봐도 기업은 날이 갈수록 부자가 되는 반면 가계는 갈수록 가난해지고 있다.

부채를 제외하고 실제로 쓸 수 있는 개인의 실질소득 증가율에 비해 기업의 실질소득 증가율이 두세 배 이상 높다. 또한 외환위기 이후 2011년까지의 통계를 보면 기업의 수익 지표라 할 수 있는 생산성 증가율은 약 7.6%를 기록했는데, 가계의 소득을 나타내는 실질임금 증가율은 고작 3.5%에 머문 정도다. 기업의 창고가 가득하면 가정의 지갑도 두둑해진다는 주장과 상반된 현상이 10년이 넘도록 계속되고 있는 것이다. 통계까지 들먹이지 않더라도 대부분의 사람이 피부로 느끼는 현상이다.

대기업의 이익이 유례없이 불어나고 있다는 소식은 여기저기에서 들린다. 한국거래소에 따르면 2006년에서 2012년까지 한국 10대 대기업의 현금성 자산이 평균 3.5배 늘었다. 10대 대기업의 사내 유보금은 2016년 현재 550조 원을 돌파했다. 삼성이 210조3000억 원으로 가장 많았고, 현대자동차(117조2000억 원), SK(62조7000억 원) 등이 뒤를 잇는다. 이 가운데 현금성 자산만 해도 86조1000억 원에 이른다. 게다가 기업이 성장해야 국민경제도 살아난다는 논리 아래 최근 10여 년 사이에 정부는 지속적으로 감세 조치를 취해왔다. 대기업들은 법인세 최고세율 인하와 각종 비과세 및 세액공제 특혜에 따라 천문학적인 감세 혜택을 받아 이익을 극대화했다.

이에 비해 국민 대부분의 삶은 갈수록 팍팍해지고 있다. 교육비·주거비·의료비를 비롯하여 장바구니 물가의 가파른 인상을 소득이 따라가지 못하면서 가계부채가 빠르게 증가하고 있다. 사정이 이러하니 7~8년 넘게 소비 위축 현상이 나타나는 것이 지극히 당연하다. 생활이 쪼들리고 빚이 느는데, 방법은 소비를 줄이는 수밖에 없다. 이런 현상은 곧바로 경기 침체로 이어져 경제 전체의 발목을 잡는다.

나아가서 기업의 성장이 곧바로 일자리 증가로 이어진다는 보장도 없다. 오죽하면 '고용 없는 성장'이라는 말이 현재 한국경제를 가리키는 대명사처럼 쓰이겠는가. 지난 수십 년 사이에 신자유주의 확대로 한국 기업들은 조금이라도 값싼 노동력을 찾아 중국을 비롯하여 동남 아시아 등에 해외 생산 공장을 확대해왔다.

예를 들어 삼성 스마트폰만 놓고 보더라도 10대 가운데 1대 정도만 국내 공장에서 한국 노동자들이 생산하고 나머지 9대는 중국, 베트남, 브라질, 인도 등 해외 삼성 공장에서 현지 노동자들이 생산한다고 한다. 현대자동차도 사정은 비슷하다. 그동안 꾸준히 중국, 미국, 인도, 터키, 러시아 등 해외 공장을 구축해서 이미 2010년부터는 해외 생산 비중이 국내 생산 비중을 넘어섰다. 기업의 성장이 국내 일자리 창출로 이어진다는 믿음이 이미 오래전에 깨진 것이다.

기업의 이익이 국민에게 해가 되는 경우도 많다

기업의 이익이 곧 국가나 국민의 이익이라는 관점도 그다지 설득력이 없다. 오히려 국민 삶의 질 개선을 위해 기업 활동을 제한하는 것이 바람직한 경우도 적지 않다. 가장 대표적인 사례가 대형마트와 백화점, 기업형 슈퍼마켓의 무분별한 확장이다. 한국의 웬만한 대도시 도심과 부도심에는 번화가를 끼고 서너 개 이상의 대형마트나 백화점이 줄지어 늘어서 있다. 대형마트 진출의 가장 큰 문제는 중소상인들의 생활 기반을 무너뜨린다는 점이다. 하나의 대형마트가 들어서면 주변 중소상점 200여 개가 문을 닫아야 한다는 분석이 있다. 게다가 아예 노골적으로 동네 골목까지 파고든다. 동네 슈퍼마켓과 대형마트의 중간 규모라 할 수 있는 기업형 슈퍼마켓도 문제다. 기업이 골목 상권까지 장악하여 영세상인의 생존 기반을 무더기로 무너뜨리기 때문이다. 기업의 시장 진입이 개인 사업자들의 폐업 건수를 폭발적으로 증가시키는 주요 원인 중 하나로 작용하고 있음은 분명하다.

우리에게는 생소한 이야기지만 세계 주요 국가에서는 기업 대형마트가 도심지 한복판에 매장을 열지 못하도록 제한한다. 중소상인의 상권을 파괴하는 문제 때문이다. 규제 방식은 문화재법이나 건축법, 재래시장 보호 등 다양하다. 도시 외곽에 있는 대형마트도 제한된다. 독일에서는 '상점 영업시간 제한법', 영국에서는 '일요일 거래법'을 통해 대형마트의 주말 영업을 제한한다. 프랑스, 포르투갈 등도 영업시간 제한 제도를 실시하고 스웨덴은 판매 품목도 제한한다.

대형마트 영업시간 규제 목적은 주변 중소상인 피해나 교통 혼잡 방지에 머물지 않는다. 유럽은 마트에서 일하는 노동자 보호에 더 주목한다. 예를 들어 2010년에 스위스 제네바에서는 대형마트 영업시간을 오후 7시에서 오후 8시로, 토요일은 오후 6시에서 오후 7시로 각각 연장하자는 발의안에 대한 주민투표가 실시됐다. 너무 일찍 문을 닫아서 소비자가 불편하다는 이유였다. 제네바 시민들은 노동자가 현재처럼 퇴근해서 휴식을 취해야 한다는 데 공감했고 투표를 통해 부결시켰다. 매장과 주차장, 식당가 등 각종 편의 시설을 두루 갖춘 대형마트는 대부분 도시 외곽에 있는데도 말이다.

경쟁력을 잃은 기업 회생에 막대한 국민 세금을 쓰느라 피해를 주는 경우도 종종 있다. 한국에서 1997년 외환위기 당시 기업에 공적자금 168조6000억 원을 지원하거나 2007~2008년 금융위기 당시 미국에서 총 7000억 달러 규모의 공적자금 투입을 결정한 것이 대표적인 사례다. 2009년에는 GM을 지원하는 과정에서 576억 달러에 달하는 납세자의 엄청난 자금이 들어갔다. 이러한 사례는 기업의 이익과 국민의 이익이 충돌할 가능성을 보여준다. 이처럼 기업의 이익과 편의를 우선하는 것이 국가나 국민 전체로 보면 해가 되기도 하고, 다른 한편으로 개별 기업의 자유를 제한하는 것이 장기적으로 사회에 이익이 되기도 한다. 결국 기업 이익과 국민 이익이 항상 일치하는 것은 아니다.

02 /

부자가 국민을
먹여 살린다

경제와 관련하여 '파이를 키워야 한다'는 말이 있죠. 파이를 재분배하려 들지 말고, 파이 자체를 크게 만들면 결과적으로 약자를 포함하여 사회 구성원 모두에게 이익이 돌아간다는 뜻입니다. 현실적으로 부자가 시장을 움직이고 부를 증가시킵니다. 당장은 부자가 더 큰 이익을 보는 것 같아도, 장기적으로 볼 때 부자를 더 큰 부자로 만드는 것이 가난한 사람의 형편을 나아지게 하는 지름길이에요. 그러므로 부자에게 더 많은 세금을 거두는 정책은 모두에게 해가 됩니다.

돈은 위에서 아래로 흐르지 않는다

파이를 키워야 모두에게 혜택이 돌아간다는 논리는 현실에서 '낙수효과' 논리로 이어진다. 사전적인 의미로 보면 부유층의 투자·소비 증가가 저소득층의 소득 증대에까지 영향을 미쳐 국가적인 경기부양효과로 나타나게 된다는 이야기다. 위에 있는 큰 그릇에 물이 차면 물이 흘러내려 그 아래에 있는 작은 그릇들을 채우게 된다는 논리이기에 붙여진 이름이다. 신자유주의 정책 신봉자들이 신조처럼 여기는 이 믿음은 부유층의 세금을 내리자는 논리로 이어진다. 실제로 미국이나 유럽, 한국의 친기업 세력은 부유층 및 기업에 대한 소득세와 법인세 대폭 인하에 앞장섰다. 과도한 세금이 경제활동을 위축시켜 세원을 줄일 수 있으므로, 부유층의 소득 증대를 위해 세금을 낮춰야 한다는 주장이다.

물이 아래로 흘러내리게 하는 전통적인 방법이 누진세였다면, 고소득 계층에 대한 역진적인 세금 정책은 그 반대다. 즉, 자본소득에 대한 누진적 소득세를 사실상 면제해주는 방식이다. 기업의 법인세율을 인하하고, 부자에 대해서는 이자나 배당금을 비롯한 각종 금융소득 등에 붙는 세금을 면제해주는 조치가 이어진다. 그 결과 상대적으로 부유층에 대한 누진세 경향이 강하던 서유럽에서조차 역진 현상이 나타난다. 토마 피케티가 《21세기 자본》에서 든 사례만 봐도 그러하다. 2010년 프랑스의 총세율은 47%인데, 하위 50%의 소득자들이 45~50%의 세율을 적용받았다. 다음 40%의 소득자들도 비슷한 세율을 적용받았다. 이 두 가지가 프랑스 세수의 4분의 3을 차지하는데, 그만큼 고소득층의 누진 효과가 매우 약해졌음을 알 수 있다. 자본소득에 대한 누진세 면제 효과가 상류층 세율을 낮추는 결과를 가져온 것이다.

누진세 적용이 미약한 한국에서는 역진 현상이 더 심하다. 기획재정부의 법인세 실효세율 자료에 따르면 2015년 대기업의 법인세 실효세율(외국납부세액공제 포함 시)은 16.0%로 중견기업의 17.0%보다 낮다. 지난 몇 년간 대기업 실효세율은 계속 낮아지는 추세다. 실효세율은 각종 공제를 받더라도 내야 하는 최소한의 세율이다. 외국납부세액은 해외에서 낸 세금으로, 정부가 실효세율을 계산할 때는 이 액수까지 포함한다. 이를 제외하고 10대 대기업의 실효세율을 계산하면 12%대로 낮아진다는 게 연구자들의 대체적인 분석이다.

대기업의 현금성 자산 축적에는 세율 역진 현상이 크게 작용한다. 반대편에서는 최저임금도 받지 못하는 노동자들이 두터운 층을 이룬다. 통계청의 '경제활동인구조사'를 보면 2013년 3월 기준 208만 8000명의 임금 노동자들이 당시 최저임금인 시간당 4860원 미만의 임금을 받았다. 여기에는 아파트경비 노동자를 비롯한 감시·단속 노동자처럼 합법적으로 최저임금 미만 임금이 주어지는 경우가 포함되지만, 최저임금제 위반도 상당수 있다고 짐작된다.

2015년 국제통화기금(IMF) 보고서는 상위 20% 계층의 소득 비중이 증가할수록 GDP가 오히려 감소했음을 보여준다. 《이코노미스트》에 따르면 2012년 미국의 상위 0.1% 가구는 하위 90% 가구와 맞먹는 부를 소유했다. 낙수효과 논리가 허구임을 입증하는 결과다. 낙수효과가 부분적으로 일어나는 경우가 있지만, 이조차 시장에 맡기면 효과가 매우 미미하거나 없어진다. 물은 아래로 흐르지만 돈이 저절로 아래로 흐르지는 않는다.

부자를 위한 나라는 양극화 나라로 간다

낙수효과를 맹신하고 성장 정책만을 추구하는 동안 빈부 양극화 현상이 뚜렷해졌다. 노벨경제학상을 수상한 아마르티야 센이 공저자로 참여한 《기아》에 따르면 세계에서 매일 굶주림으로 죽어가는 사람이 점보제트기 300대의 승객 수와 거의 같다. 점보제트기 1대가 떨어지면

전 세계에서 큰 소동이 벌어지지만, 굶어 죽는 사람의 수가 매일 300대분이나 되는데도 우리는 그 심각성을 자주 잊곤 한다.

양극화 문제는 한 나라 안에서도 심각하게 나타난다. 나름대로 복지정책을 펴던 선진국에서도 대부분 소득 불평등이 심화됐다. 국제노동기구(ILO)의 조사 보고서에 따르면 1990~2000년 사이에 20개 선진국 중 무려 16개국에서 소득 불평등도가 올라갔다. 나머지 4개국 중에서도 소득 불평등도가 의미 있을 정도로 낮아진 나라는 스위스뿐이었다.

부의 불평등은 더욱 극심하다. 현재 프랑스, 독일, 영국, 이탈리아에서 부유한 10%가 부의 약 60%를 소유한다. 가난한 50%는 예외 없이 부의 10% 이하를 소유하며, 프랑스가 4%를 소유하는 등 일반적으로는 5% 이하를 소유한다. 미국은 더 심해서 연방준비은행에 따르면 상위 10%가 72%를, 하위 50%는 고작 2%를 소유한다. 부자를 위한 정책에서 선두 그룹에 있는 한국은 양극화가 더 극심하다. 이는 소득 불평등 기준인 지니계수를 통해 쉽게 확인된다. 지니계수는 0과 1 사이의 수치로 평가하는데, 0이라면 소득이 똑같다는 의미다. 1990년대 초반에 지니계수가 0.250수준이었으나, 외환위기 이후 1999년에는 0.288, 세계경제위기가 있었던 2008년 0.294, 2009년 0.295로 점점 불평등해지고 있다.

부가 상위 1%에게 집중되고, 99%는 소득이 점점 줄고 빚이 늘었다. 2012년 수당을 포함한 직장인 연봉 총액은 평균 약 3800만 원이었다. 반면 총수 일가를 제외하고 최고 연봉을 받는 삼성전자 등기 임원의 평균 보수는 약 52억 원이었다. 직계 임원을 제외하고도 무려 137배에 이른다. 한국의 1~4위 부자 자산을 합한 액수가 서울시 한 해 예산보다 많다.

대기업과 중소기업 노동자의 임금 격차도 심각하다. 2013년 300인 이상 대기업 노동자의 월평균 임금은 356만7000원이다. 5인 미만 중소기업 종사자의 월평균 임금 129만9000원의 2.75배, 5인 이상 10인 미만 중소기업 노동자의 월평균 임금 171만8000원의 2.08배에 해당한다. 중소기업 노동자의 임금이 지나치게 낮기 때문에 나타나는 현상이다.

낙수효과는 부자, 즉 위의 그릇이 크지만 고정 경향이 있어서 물이 차고 넘치는 경우에만 가능하다. 부자는 고정된 그릇이 아니다. 무한 대로 팽창한다. 예를 들어 한국에서 1~2위를 다투는 재벌 총수의 재산은 중간소득 가구의 7~8만 배에 가깝고, 하위소득 20% 가구의 약 50만 배에 달한다. 낙수효과란 양극화 현실을 숨기기 위한 거짓에 가깝다. 낙수효과의 반대 개념으로 분수효과라는 말이 있다. 분수가 물을 위로 뿜듯이 분배를 통해 사회 구성원 대다수의 부가 증가하고 소비능력이 늘어날 때 국민경제가 성장한다는 논리다. 분수까지는 아니어도 정부에 의한 재분배 기능이 살아나야 최소한의 동반 성장이 가능하다.

03 /

한국경제의 발전을 위해 개발독재가 불가피했다

한국경제의 비약적 성장은 개발독재 덕분에 가능했어요. 한국은 해방 이후 몇 단계를 거치면서 발전해왔는데, 박정희는 개발독재를 통해 산업화를 이루었죠. 이 토대 덕분에 이후 1980년대 중후반의 민주화, 최근의 정보화·선진화로 나아갈 수 있었고요. 개발독재는 한국 경제성장을 위해 불가피하고 바람직한 대안이었죠. 일제강점기와 한국전쟁으로 자본이나 기술 등 경제개발의 조건이 열악한 상황에서 국가 자원 전체를 효과적으로 동원하기 위해서는 독재 방식의 정치체제가 불가피했어요.

개발독재가 경제발전의 원동력은 아니다

지난 한 세기 동안 전 세계의 독재자들 가운데 경제발전을 명분으로 제시하지 않은 사람은 없다. 경제발전을 위해서는 강력한 리더십이 필요하기 때문에 독재정치를 받아들이라는 논리가 동원된다. 이는 한국사회의 '개발독재'도 마찬가지다. 오랜 기간 우리의 의식을 지배해왔고, 심지어 지금도 한국사회 내 보수 세력의 단골 논리로 사용된다. 식민지에서 해방된 후 한국전쟁까지 겪으면서 산업시설이나 사회기반시설이 모두 파괴된 상황, 자본이나 기술이라 할 만한 것도 갖추지 못한 상황에서 독재만이 개발을 이루어낼 유일한 방식이었다는 주장이다.

정말 개발을 위해 독재가 불가피했을까? '개발독재'는 한국만의 고유한 발명품이 아니다. 제2차 세계대전 이후 식민지에서 독립한 전 세계 신생독립국가의 독재자들이 하나같이 내세운 명분이다. 만약 자원과 기술이 부족한 상황에서 독재만이 개발을 이룰 수 있는 가장 효과적인 방법이었다면 200여 개에 이르는 신생독립국 가운데 어느 정도 성공 사례가 있어야 한다. 절반은 아니어도 최소한 10~20개국 정도의 성공 사례는 있어야 개발독재가 효과적 방법이었다는 점을 입증할 수 있지 않은가 말이다.

실제의 역사적 경험은 전혀 다르다. 대부분의 국가가 이 방식을 사용했지만 경제발전에 성공하기는커녕 경제위기와 정치적 혼란만 되풀이했다. 개발독재로 경제성장에 성공한 나라는 고작 한국과 대만뿐이다. 오히려 중남미와 아시아 여러 나라에서 경제발전이 시작된 것은 1980년대를 경계로 한 이른바 민주화 이후다. 산업화, 근대화를 위해 독재가 가장 효과적이고 유일한 방법이라는 주장은 역사적으로 근거가 희박한 주장이다.

그러면 한국과 대만은 어떻게 산업화에 성공했을까? 두 나라의 공통점에 주목할 필요가 있다. 한국과 대만은 신생독립국 중 대표적인 자본주의 분단국가다. 자본주의 진영과 사회주의 진영 사이의 냉전이 지배하던 세계질서에서 한국과 대만은 서구 입장에서 자본주의의 우월성을 입증해야 하는 매우 독특한 위치에 있었다. 두 나라는 자본주의 진영에게 체제의 우월성을 입증해야 할, 일종의 진열장 역할을 하는 국가였던 셈이다. 이에 따라 다양한 직간접 원조에 이어 전 세계 어느 나라도 누려보지 못했을 정도의 전폭적인 차관 제공, 미국시장

개방 등의 매우 유리한 조건을 제공받았다. 결국 한국과 대만의 산업화에는 독재보다는 당시의 냉전질서와 지정학적 조건이 더 중요하게 작용했다고 봐야 한다.

여기에 세계경제를 둘러싼 조건도 적지 않은 영향을 미친다. 무엇보다도 때마침 불어닥친 중동 건설 붐은 한국에 큰 행운이었다. 1970년대에 들어와 성장률이 계속 한 자릿수를 맴돌고 수출 증가세도 상당히 둔화된 상태였다. 중동에 발을 뻗기 시작한 1974년에 8900만 달러였던 총수주액이 1975년에는 7억5000만 달러로, 1975년에서 1979년 사이에는 연평균 76.1%씩 늘어났다. 1980년에는 82억 달러에 이르러 전체 한국 수출액의 40~60%를 차지할 정도였다. 중동 특수가 박정희와 한국경제를 살렸다고 해도 과언이 아니다.

중화학공업 발전도 박정희 개발독재의 고유한 산물이 아니라 여러 요인이 복합적으로 작용한 것이다. 중공업으로 가야만 한국경제가 제대로 자립할 수 있다는 분위기는 이미 1950년대부터 계속 있었다. 1970년대에 접어들어 선진국에서 중화학공업이 사양산업이 되고, 이를 한국으로 이전하려는 의도와 맞아떨어지면서 본격화되었다. 1975년까지 기업 쪽에서 별로 호응하지 않다가 중동 특수가 터지고 기업의 재무 구조가 개선되면서 한꺼번에 중화학공업에 뛰어든 것이다.

한국경제의 발전에는 자본주의와 사회주의가 첨예하게 맞선 냉전체제 내에서 분단국가라는 독특한 지위, 이를 기반으로 중동 건설 붐에 유리하게 뛰어들 수 있었던 조건, 선진국의 중화학공업 이전 분위기 등 여러 주변 상황이 유리하게 작용했다. 독재가 아니라도 기본적

통합력만 갖고 있는 정부라면 얼마든지 경제개발로 연결할 수 있었던 유리한 상황이 주요한 측면으로 고려되어야 한다.

지금도 어른거리는 개발독재의 유령

더 큰 문제는 개발독재를 한국 경제발전의 원동력이라고 강조하는 사람들의 상당수가 이 논리를 현재 한국사회에도 적용하려 한다는 점이다. 박정희에 대한 향수는 단순한 추억이 아니다. 한국경제가 어려운 이유가 민주주의나 분배 확대 때문이라는 문제의식이 밑바탕에 깔려 있다. 유신체제까지는 아니어도 적어도 권위주의 통치를 통한 성장 제일주의 정책을 펴야 한다는 생각이다.

한국의 경제발전이 개발독재 덕분이라는 사고방식 자체가 일단 문제지만, 백 보 천 보를 양보해서 당시에 권위주의 통치가 경제발전에 기여한 바가 토끼 꼬리만큼은 있다고 인정하자. 설령 그렇다 해도 현재 상황에서는 말도 안 되는 논리다. GDP 지표로 볼 때 이미 세계 10위를 넘보는 위치에 도달한 지금도 권위주의 통치가 필요하다는 얘기가 되기 때문이다. 그러면 세계 4~5위 내의 경제대국이 되고 나서야 권위주의 통치에서 벗어날 수 있다는 말을 할 텐가? 만약 그런 상황이 온다 하더라도 보수 세력은 자신의 지위를 유지하기 위해 다시 강력한 권위주의 지배방식이 필요하다는 논리를 펼칠 것이다. 보수 세력에게는 상황이 문제가 아니라 일방적·획일적 지배가 자기 본질이다. 더 큰 문제는 이 황당한 논리가 상당수 사회 구성원에게 먹히고 있다는 점이다.

결국 권위주의 통치 논리는 지배자가 바뀐다고 해서 사라지는 족쇄가 아니다. 한국사회의 지배 세력만이 아니라 우리 모두의 문제다. 사회 전체가 권위주의 논리에 물들어 있는 한, 누가 지배자가 되더라도 권위주의·전체주의로 향할 유혹을 떨치지 못할 것이다. 국민 의식의 조작이 너무나 손쉽게 이루어질 수 있기 때문이다. 우리 안에 뿌리내리고 있는 수직적·일방적 사고방식과 제도를 무너뜨려야 한다. 경제발전은 수평적 질서와 구성원의 자율성이 전면적으로 보장되는 사회, 구성원 스스로 무엇이 행복인지를 설정하고 이를 이루는 방법도 스스로 결정하는 사회를 통해 실현되어야 한다. 정치적·사회적 자유가 최대한 보장되는 사회, 일상에까지 민주주의가 적용되는 사회에 적합한 경제 질서를 구축하는 미래 지향적인 사고가 필요하다.

04 /

재벌은
한국에서
불가피한
기업구조다

재벌은 한국의 경제개발 과정에서 필연적으로 등장할 수밖에 없었어요. 자본과 자원이 부족한 조건에서 선택과 집중이 필요했거든요. 무엇보다도 재벌은 단기간에 빨리 성장할 수 있는 규모의 경제에 적합했어요. 신속한 의사결정도 중요한데, 사주가 책임지는 재벌의 일인 지배체제니까 가능했죠. 지금도 삼성전자, 현대자동차 등에서 볼 수 있듯이 국제시장에서 한국기업의 경쟁력은 재벌에서 나오는 거예요. 그러므로 재벌을 한국적 기업 형태로 인정하고 긍정적으로 봐야 해요.

재벌이 아니어도 경제성장은 가능했다

재벌은 한국의 독특한 기업구조다. 가족 또는 친인척이 출자한 모기업을 중심으로 여러 산업 분야에 걸쳐 자회사를 지배하는 형태로, 순환출자를 통해 계열사 관계가 복잡하게 얽혀 있다. 비슷한 경우로 근대 일본의 복합기업이 있었으나 제2차 세계대전 후 반독점법으로 해체됐다. 현재 재벌은 한국 고유 기업구조로, 번역어가 마땅하지 않아 'Chaebol'로 표기할 정도다.

재벌은 과거 개발독재에 뿌리를 둔다. 1970년대 초중반부터 경제 규모의 확장과 중동 건설 붐을 탄 기업들이 규모를 키우고, 여러 중화학공업 분야에 진출하면서 전형적 재벌 구조가 갖춰졌다. 당시 군사 정부는 국가의 적극적 개입과 지원으로 기간산업 육성이 가능하다면서 정경유착 구조를 만들었고, 정부 주도 금융으로 재벌을 규율하는 수직적 구조를 구축했다.

재벌이 한국의 경제 조건에서 불가피했다는 주장의 근거로 몇 가지가 동원된다. 먼저, 협소한 내수시장만으로는 경제발전이 어렵고, 수출시장을 적극적으로 열기 위해서는 규모의 경제를 실현해야 한다는 주장이다. 이를 위해 대규모 공격적 투자가 가능한 대기업이 적합하다는 것이다. 하지만 이는 대기업 육성의 근거는 될 수 있어도 재벌의 근거이기는 어렵다. 한편 재벌의 불가피성을 과정의 특수성으로 정당화하기도 한다. 모기업이 경공업 분야이기 때문에 중화학공업 육성 과정에서 여러 산업에 발을 걸치는 구조가 만들어졌다는 것이다.

이러한 주장은 한국과 함께 압축적 경제성장을 대표하는 대만과 비교하면 설득력이 떨어진다. 대만도 수출주도형 성장전략으로 비약적 경제발전을 이룩했지만 정책은 전혀 다르다. 대만의 산업구조는 127만여 개의 기업 중 97.7%가 중소기업으로, 전체 고용 인력의 77%를 차지한다. 그만큼 중소기업에 우호적인 정책을 추진해왔다. 그렇다고 해서 대기업이 취약한 것도 아니다. 1970~80년대 정부 주도하에 중공업 육성이 이루어져 여러 대기업이 형성되었다.

대만은 거꾸로 선 피라미드 산업구조인 한국과 달리 중소기업을 기반으로 대기업과 균형을 이루면서 동반 성장하는 경우다. 그 결과 중소기업이 상당한 기술력을 보인다. 대기업 성장이 중소기업 생산 증대로 이어지는, 국내 산업 연관성이 높다. 대만 사례를 보더라도 한국에서 재벌구조가 불가피했고 유일한 대안이었다는 주장은 성립하기 어렵다.

　대만은 산업구조도 안정적이고 다수 노동자가 고용되어 있는 중소기업이 튼튼하기 때문에 전체 경제 규모에 비해 국민소득이 상당히 높은 편이다. GDP는 한국이 더 높다. 한국의 GDP는 2016년 현재 1조4044억 달러로 세계 11위다. 대만의 GDP는 2016년 현재 5191억 달러로 세계 22위다. 명목상의 국민소득이라 할 수 있는 1인당 GDP도 2016년 기준으로 한국이 2만8525 달러로 세계 29위, 대만이 2만2928 달러로 세계 33위여서 한국이 앞선다. 하지만 실질적인 국민소득을 측정하는 지표 중의 하나로 쓰이는 1인당 구매력평가 기준(PPP) GDP 순위는 다른 결과를 보여준다. IMF의 자료에 의하면 대만은 4만3600 달러이고, 한국은 3만5485 달러로 적지 않은 차이를 보인다.

　1인당 PPP 기준 GDP가 한 나라의 경제 수준 모두를 대변한다고 할 수는 없다. 하지만 명목 소득과 달리 물가 수준이 반영되기 때문에 국민소득의 실질적 동향을 이해하는 데 도움을 주는 것은 분명하다. PPP 기준 GDP는 각국의 통화단위로 산출된 GDP를 단순히 달러로 환산해 비교하지 않고 각국의 물가수준을 함께 반영한다. 따라서 소득을 단순히 달러로 표시한 GDP와 달리 실질소득과 생활수준까지 짚어볼 수 있는 수치로 평가된다. GDP나 1인당 GDP와 함께 비교하면 세밀하게 국민의 경제 수준을 비교하는 데 도움이 된다. 특히 대만은 화폐가치가 상당히 평가 절하되어 있어서, 명목 GDP보다는 구매력평가기준 GDP가 현실을 보다 정확하게 반영한다.

　대만은 국민당이 중국 본토에서 긁어모은 막대한 자본을 가져왔기 때문에 한국과 비교하기 어렵다는 주장도 있다. 하지만 한국의 재벌은 1970년대 중반에 중화학공업을 육성하면서 본격화되었는데, 이때는 이미 중동 특수를 통해 국내 대기업들도 상당한 자본을 축적한 상태였다. 또한 관치금융을 통해 정부의 집중적 지원을 받았기 때문에 자본금의 차이를 근거로 재벌의 불가피성을 설명하기도 어렵다.

재벌은 현실적으로 여러 심각한 문제를 만든다

무엇보다도 재벌 소유구조는 합리적 상식에서 벗어난다. 주식회사에서 경영권 행사를 위해서는 최소 20~30% 정도의 지분이 필요하다는 것이 세계의 상식이다. 하지만 재벌 총수는 계열사 포함 전체 지분에서 고작 한 자릿수다. 지주회사 중심의 순환출자 구조여서 한 자릿수 지분만으로도 수십 개 기업을 제왕적으로 지배하는 이해하기 힘든 상황이 나타난다.

순환출자란 한 그룹 안에서 A기업이 B기업에, B기업이 C기업에, C기업은 A기업에 다시 출자하는 방식으로 계열사들끼리 돌려가며 자본을 늘리는 것이다. 그러면 재벌 총수는 A기업에 대한 소유권만으로 다른 모든 기업에 대한 배타적 권리를 갖는다. 심지어 재벌 총수가 직접적으로는 단 한 주의 지분도 없음에도 계열사 사장을 하루아침에 자르기도 한다.

공정거래위원회 자료에 따르면 소유지분율 대비 의결지분율 격차가 거의 10배에 이른다. 소유지분율은 총수 일가가 직접 보유하는 지분이다. 의결지분율은 계열사 지분 등을 포함해 총수가 실제로 영향력을 행사하는 지분이다. 삼성은 소유지분율이 4.41%인데 의결지분율은 31.13%에 이른다. 현대자동차는 5.58%와 69.07%, LG는 5.54%와 41.3%, SK는 2.15%와 34.06%, 한화는 4.87%와 48.95%, 두산은 5.75%와 57.36%이다. 순환출자를 통해 고작 한 자릿수에 불과한 지분으로 재벌 계열사 전체를 지배하는 마법을 발휘하는 것이다. 세계의 경영 상식으로 보면 불법이고 사기다.

이 과정에서 재벌 총수의 전횡이 나타난다. 각 기업은 주식회사로서 주주의 이익과 결정에 따라 움직여야 한다. 하지만 총수 일가는 일방적 결정을 하고, 직접 위험을 부담하지 않으면서 계열사를 지배한다. 사업이 실패해도 직접적인 경영이나 금전적 책임에서 벗어난다. 게다가 순환출자는 결속력이 약하기 때문에 다른 외부 자본 세력의 공격에 취약한 문제도 있다.

또한 문어발식 확장은 전문성이 결여되어 있어서 장기적으로 기업 경쟁력을 떨어뜨린다. 부실경영 문제가 종종 터져 나오는 이유다. 무엇보다도 문어발식 확장으로 중소기업의 생존 기반이 파괴된다. 세계 스마트폰이나 전자제품 시장을 놓고 1위 경쟁을 하는 기업이 보험업이나 보안업까지 석권하고, 돈만 된다면 교복까지 파는 것은 한국에서만 볼 수 있는 비정상적 현상이다. 재벌들은 화장품, 빵, 분식 사업에까지 진출하여 중소기업 기반을 무너뜨린다.

결국 독점적 시장 지배력을 갖는 재벌로 인해 공정한 경쟁이 불가능해지고 그 피해는 고스란히 중소기업과 소비자에게 전가된다. 또한 산업구조가 기형화되어 재벌 한두 개가 위기를 맞으면 국가 전체가 위기를 맞는다. 게다가 재벌이라는 비정상적 구조를 유지하기 위해 끊임없이 정권과 유착관계를 유지해야 하기 때문에 부정부패가 끊이지 않는다. 소유구조 개선을 비롯하여 근본적인 재벌 개혁이 한국 사회의 주요 과제인 이유도 여기에 있다.

05 /

공기업이
민영화되면
효율성이
증가한다

공기업의 가장 큰 문제는 비효율성이죠. 사기업은 확실하게 책임지고 경영할 주체가 있어서 효율적으로 운영할 수 있거든요. 시장 경쟁에서 살아남기 위해 자본과 노동을 효율적으로 사용하고 혁신을 도모하기 때문이죠. 하지만 경쟁과 혁신에서 자유로운 공기업은 필연적으로 자원을 낭비합니다. 방만한 경영으로 필요 이상의 자본 낭비가 생기고, 과잉 고용을 초래하죠. 공기업의 비효율성은 곧바로 국민의 세금 부담을 늘려요. 그러므로 공기업 민영화를 통해 효율성을 높이는 것이 한국경제의 시급한 과제입니다.

공기업을 효율성 잣대로만 판단하면 안 된다

공기업 민영화를 주장하는 사람들의 논리는 간단하다. 공적 소유일 때 필연적으로 낭비가 발생한다는 것이다. 예를 들어 공중화장실 화장지는 함부로 쓰지만 자기 집 화장지는 필요한 만큼만 사용한다. 공적인 소유와 운영에 맡겨지는 순간 자신에게 직접적인 이해관계가 없다고 여기고 효율성 원리에서 벗어나 낭비를 하게 된다는 논리다.

　기본적으로 맞는 이야기다. 하지만 효율성이 모든 경제 행위의 기준일 수는 없다. 공기업은 이윤 목적의 운영이 국민의 삶과 국민경제에 해를 미치게 되는 재화를 대상으로 한다. 먼저 공기업 형태가 사회 전체 입장에서 더 이익인 상황이다. 예를 들어 국민경제 전체를 위해 꼭 필요한 재화인데 실패 위험이 높거나 워낙 장기적인 과정인 경우다. 위험을 회피하고 단기적인 수익에 치중하려는 사기업의 입장에서는 투자 기피 대상이 된다. 이 경우에는 사기업보다는 공기업을 통한 투자가 더 적합하다.

사기업에 맡길 경우 국민의 기본적인 삶에 큰 피해를 주는 재화도 공영화 대상이다. 전기·수도·가스·철도·전화 등이 여기에 해당한다. 사회 구성원 대부분이 필수적으로 이용하고 공공적 성격을 지니는 재화일 때 사기업의 이윤 추구와 시장 경쟁에 맡기면 사회 전체에 큰 부담을 준다. 모든 국민에게 꼭 필요한 재화지만 수익성 때문에 투자를 기피하여 국민이 권리를 누리지 못하는 상황이 발생하기 때문이다. 예를 들어 우체국이나 철도의 경우 작은 시골 지역인 경우 오랜 기간이 흘러도 시설 투자비나 일상 운영비를 회수하기 어렵다. 전기의 경우도 마찬가지다. 외진 시골 마을에 전기가 들어가려면 막대한 시설비가 들어간다. 사기업이라면 손해를 무릅쓰고 투자할 리 만무하다. 하지만 그 지역 주민도 기본 서비스를 제공받을 권리가 있다. 이를 해결하기 위해서는 공기업을 통한 서비스 제공이 불가피하다. 결국 경제와 연관되어 있다고 해서 모든 판단 기준을 효율성에 두는 것은 매우 위험한 사고방식이다.

게다가 사기업이라고 해서 무조건 효율적인 것도 아니다. 팀 하포드의《경제학 콘서트》에 제시된 과거 IBM의 저가 레이저프린터 사례는 흥미롭다. 저가 모델인 '레이저라이터 E'는 고급 모델과 같은 부품으로 만들었다고 한다. 저가 모델에는 속도를 늦춰주는 칩이 추가로 설치되어 있을 뿐이다. IBM이 프린터 생산 비용을 낮추는 가장 효율적인 방법은 같은 설계로 대량생산한 뒤 각각 다른 가격에 파는 것이다. 물론 값싼 제품의 속도를 떨어뜨려야 한다. 이는 낭비일 수도 있지만 IBM 입장에서는 각기 다른 2개의 프린터를 별도로 설계하고 생산하는 것보다 경제적이다.

이 사례는 효율성이나 낭비 개념이 얼마든지 자의적으로 해석될 수 있는 여지를 보여준다. 인텔에서도 비슷한 상황이 발생했다. 아주 유사한 프로세싱 반도체 칩을 생산한 뒤 서로 다른 가격으로 판매했는데, 실제로는 가격이 낮은 칩의 생산비가 더 들었다고 한다. 마찬가지로 동일한 부품에 일부 기능을 제한하는 기능이 추가됐기 때문이라는 것이다.

민영화로 인한 부작용이 더 심각할 수 있다

신자유주의가 득세하면서 20세기 후반부터 공기업 민영화 정책이 주목받았다. 영국 보수당은 국가 재정적자 문제가 공기업의 비효율성과 낭비 때문이라면서 1979년 이래 공기업 규모를 절반 이하로 줄였다. 29개 대기업이 사유화되어 거의 80만 개의 일자리가 사기업 부문으로 이전됐다. 그 결과 전반적으로 경영 효율성이 증가되었다고 스스로 평가했다.

한국에서도 1990년대 후반부터 민영화가 추진됐다. 전기·가스·

통신·철강 등 주요 기간산업이 민영화 대상이 되었다. 결국 통신과 철강 분야는 주식 상장, 소유권 매각 방식으로 민영화되어 사기업의 과점체제로 바뀌었다. 에너지 산업도 민영화 필요성이 제기되었다. 하지만 전기와 가스는 에너지 공공성을 지향하는 국민 여론에 힘입어 민영화가 저지됐다.

하지만 그동안 서구의 공기업 민영화 경험, 특히 통신·철도·수도·가스 분야를 둘러싸고 내부적으로 비판적 평가가 많다. 영국의 전화서비스는 한국과 비교할 수 없을 정도로 형편없는 수준으로 추락했다. 영국 철도는 민영화 이후 단기 수익성을 근거로 설비 투자가 줄면서 열차 시간의 불규칙성과 사고가 크게 증가했다. 가장 큰 피해를 입은 사람들은 대중교통을 비롯하여 공공서비스 의존도가 높은 서민층이었다.

특히 에너지 산업 민영화를 전반적인 실패로 평가하는 논의가 많다. 전력 산업이 대표적인 사례. 전력 민영화는 1990년 영국을 필두로 미국, 캐나다, 호주, 뉴질랜드 등 여러 나라로 확대됐다. 이렇게 민영화된 전력 산업에서 약 10년 후 각종 폐해가 드러났다. 1999년 뉴질랜드 대정전을 비롯하여 2001년 캘리포니아 전력대란, 2003년 미국 북동부 대정전 등이 일어났다. 서유럽과 호주 등에서는 사업자들 간의 담합으로 전기요금이 폭등했다. 또한 이윤 증대를 위해 설비 투자가 제대로 이루어지지 않으면서 공급 불안 현상이 생기기도 했다. 영국의 경우 지속적인 전기요금 인상에 시달리고 있다. 전력 공급 업체 '내셔널 그리드'는 앞으로 20년 동안 전기요금이 2배 이상 크게 상승할 것이라고 전망했다. 2000년 이후 일부 사업자에 의한 시장 과점 상태가 되면서, 즉 규모가 큰 상위 4개 기업이 40% 이상의 전력과 가스를 독점하면서 급격한 요금 인상이 나타나고 있다.

최근 재정상황 악화에도 독일, 프랑스, 영국 등에서는 외주와 매각 등의 방식으로 민영화됐던 공적 서비스를 재공영화하려는 움직임이 일어나고 있다. 주 정부 차원에서 적극적으로 재공영화하는 독일의 사례가 대표적이다. 영국, 독일, 핀란드 등의 지방자치단체들은 효율성과 비용 면에서 공영화가 더 바람직하다고 판단한다. 사기업 이윤 논리에 의한 공익성 훼손, 안전관리 부실, 에너지 요금 증가 등의 문제 때문에, 에너지 분야의 경우 공공성을 유지하는 방향이 오히려 효율적이라는 문제의식이다.

물론 공기업에도 문제가 없는 것은 아니다. 2016년 여름 '요금 폭탄' 사례에서 알 수 있듯이 에너지 공기업인 한국전력공사의 독점이 초래하는 문제도 적지 않다. 비합리적인 요금체계를 강제하여 기업보다 일반 서민에게 불리하게 작용하기도 한다. 비민주성과 폐쇄성으로 인해 공기업 스스로 공공성을 훼손할 때도 있다. 정보 공개 등을 통한 시민적 감시체제 강화와 민주적 운영 등을 통해 실질적인 의미의 공공성을 실현해야 한다.

06 /

강한 노조가
기업 경쟁력을
떨어뜨린다

노동조합은 여러 면에서 기업 경쟁력을 떨어뜨립니다. 먼저 노조의 힘이 커지면 노동시장이 경직되기 때문에 노동비용이 높아져요. 임금 상승과 기업 내 노동자 복지 등에 많은 비용이 들어가거든요. 그 결과 기업에서 생산하는 제품의 가격 경쟁력이 떨어져 시장 경쟁에서 치명적인 걸림돌이 됩니다. 한국은 노조가 강하기로 유명하죠. 특히 대기업 노조의 경우 기업 경영의 자율성을 훼손할 정도로 강한 힘을 갖고 있어서 기업 활동의 불확실성을 낳고 한국경제의 발목을 잡습니다.

한국의 노동조합은 강한가?

한 나라의 노조가 얼마나 위력을 갖고 있는가를 판단할 때 가장 중요한 기준은 노조 조직률이다. 한국은 산업국가 중에서 노조 조직률이 가장 낮은 편이다. OECD 자료에 따르면, 한국의 노조 조직률은 약 10%로 터키, 에스토니아 등과 함께 바닥 수준이다. 또한 노조 조직률이 지속적으로 떨어지고 있다. 한국노동연구원의 '노동통계'에 따르면, 1980년대 후반 6월 항쟁과 함께 노동운동이 분출하면서 노조 조직률이 급상승하여 1990년 17.2%에 이르렀다. 하지만 이후 후퇴를 거듭하면서 2011년 9.9%까지 떨어졌다.

정부의 '경제활동인구조사'에 따르면 임금 노동자의 70% 이상이 아예 사업체에 노조가 없어서 가입이 불가능하다. 70~80%는 가입 대상이 아니다. 비정규직 노동자가 일하는 곳에는 대부분 노조가 없다. 설사 노조가 있어도 비정규직은 가입 대상이 아니어서 활동할 기회조차 주어지지 않는다.

노조의 힘을 판단하는 또 하나의 요소는 산별노조 활동이다. 노조가 단결력을 제대로 발휘하려면 개별 기업을 뛰어넘어 산업별 노조가 조직되어 공동행동을 할 수 있어야 한다. 그래야 대규모 노동자 연대가 가능하기 때문이다. 산별노조 차원에서 단체교섭을 하면 그 결과를 모든 가입 노동자에게 공통적으로 적용할 수 있다. 산별노조 활동은 노동자의 사회경제적·정치적 지위를 보여주는 지표 역할을 한다.

한국의 노동자와 노동조합은 20여 년 전부터 산별노조를 추진해 왔고, 최소한의 조직 형태를 갖춘 지 10여 년이 지났다. 하지만 기업이나 정부가 산별노조 차원의 단체교섭과 행동을 인정하지 않으면서 아직 실질적인 의미의 교섭구조도 정착되지 못한 상태다. 그 결과 산별노조에 맞는 체계적인 내부 조직과 활동력을 제대로 갖추지 못하고 있다.

노조 조직률과 산별노조 활동을 볼 때, 한국을 노조가 강한 나라로 보는 시각은 현실과 상당한 거리가 있다. 오히려 기업이나 정부를 상대하는 노동자의 힘이 부족하다. 한국 노조는 자본의 일방적 횡포를 저지하고 노동자를 보호하는 데 필요한 힘을 제대로 갖추지 못한 상태다. 2014년 국제노총(ITUC)이 발표한 세계노동권리지수에서 한국이 최하위 등급인 5등급을 받았던 것도 이러한 사정을 반영한다.

노조가 강해서 기업 경쟁력이 떨어진다?

강한 노조 때문에 기업 경쟁력이 떨어진다는 시각도 편견일 가능성이 크다. 노조 활동이 기업에 일정 부분 제약으로 다가서는 것은 분명하지만 제약이라고 해서 다 해로운 것은 아니다. 노조의 힘이 강할 때 오히려 기업은 저임금과 장시간 노동에 기초한 노동집약적 사업 행태에서 벗어나도록 자극받는다. 기업은 노동비용을 줄이는 방식이 아니라 비가격 경쟁력을 강화하는 방향으로 활로를 모색하게 된다.

반대로 노조가 약하면 기업 입장에서는 당장 편한 저임금과 장시간 노동에 의존하려는 관성이 유지된다. 노조 조직률이 형편없고 산별노조의 교섭이 막혀 있는 한국에서 세계 최고 수준의 장시간 노동이 유지되는 것도 이 때문이다. 또한 노조 자체가 없는 중소기업에서 저임금이 계속 강요되는 현실도 같은 이유다.

앞에서 보았듯이 한국은 노조 조직률이 약 10%로 최하 수준이다. OECD 33개국 노조 조직률을 보면 네덜란드·독일·영국·포르투갈 등 서유럽과 뉴질랜드, 캐나다가 20% 내외다. 벨기에·노르웨이·핀란드·덴마크·스웨덴·아이슬란드 등 북유럽 복지국가들은 50~60%대의 높은 조직률을 보여준다.

대체로 노조 조직률이 낮은 나라일수록 노동시간이 길다. 한국은 그중에서도 심하다. OECD가 조사한 연간 노동시간 통계에 따르면 2011년 기준 한국에서 고용된 노동자들의 연평균 노동시간은 2090시간으로 OECD 평균인 1765시간보다 325시간이나 많다. 주 40시간 노동을 기준으로 했을 때 한국 노동자들은 OECD 평균보다 8.1주 더 일하고 있는 것이다. 한국은 칠레, 그리스와 함께 연간 노동시간이 2000시간을 넘는 4개 국가 중 하나다.

노조가 강한 나라에서 노동시간이 세계에서 가장 긴 편에 속하는 현상은 일어날 수 없다. 장시간 노동은 그만큼 여가가 부족하고 삶의 질이 떨어진다는 것을 의미한다. 강한 노조가 이를 받아들일 리 없다. 장시간 노동은 노조의 힘이 약하기 때문에 나타나는 현상이다. 한국에서 장시간 노동이 이루어지는 이유는 법적으로 노동시간 연장을 광범위하게 보장하기 때문인데, 그만큼 노조가 기업이나 정부와의 관계에서 충분한 힘을 갖고 있지 못함을 보여준다.

노조가 힘을 갖고 제대로 활동하면 기업의 투명한 경영을 강화하는 효과도 생긴다. 특히 한국에서는 지난 수십 년 동안 기업의 불투명성이 기형적 경영행태를 낳았다. 수익과 연관된 정확한 자료를 공개하지 않은 채 일방적으로 경영상황이 악화되었다며 대규모 정리해고를 통보하면서 노사갈등이 심화되는 경우가 많다. 막대한 비자금을 축적하고 정경유착의 검은 고리를 형성하여 사회적으로 비난의 대상이 되고 기업 활동이 위축되는 경우도 적지 않다. 노조의 경영감시 역할이 살아날 때 기업이 경제적인 경쟁력에 집중할 수 있게 된다.

그동안 강한 노조에 대해 부정적 편견을 갖게 된 데에는 한국 언론의 왜곡 보도가 큰 역할을 했다. 단체교섭 과정에서 발생하는 정상적인 갈등조차 사회혼란으로 몰아가곤 했다. 노조의 합법적인 단체행동에 대해서조차 물류대란, 교통대란, 의료대란, 수출대란 등 걸핏하면

'대란'이라는 딱지를 붙여서 국민적 불안감을 조성해왔다. 오히려 노조가 강하고 적극적 역할을 할 때 사회적·경제적으로 경쟁력을 갖춘 나라를 만든다.

노동자가 제대로 임금을 받고 노동시간이 줄어들면 비가격적인 경쟁 요소, 즉 기술력과 노동생산성을 높이는 방향으로 투자가 이루어진다. 반대로 노조가 약해서 고용이 불안정해진 상황에서는 노동자가 적극적으로 일하거나 자신을 위한 투자에 나서기 어렵다. 고용이 안정되어야 노동생산성이 높아진다. 독일과 스웨덴처럼 서유럽과 북유럽에서 강한 노조로 유명한 나라들이 세계 시장에서 오랜 기간 강한 경쟁력을 유지하는 것도 이와 연관이 깊다.

07 /

노동자의 경영참여는 공산주의 방식이다

경영은 동전의 양면처럼 소유권과 밀접하게 연결되어 있어요. 경영권은 소유권을 가진 자의 권리고요. 노동자 경영참여는 외부로부터의 강제라는 점에서 경영권, 나아가서는 소유권에 대한 간섭이죠. 기업은 이윤 획득을 목적으로 경영을 하는데, 노동자 경영참여는 여기에 지장을 줍니다. 임금 인상 요구를 넘어 기업 활동에 다양한 방식으로 지장을 초래해요. 경영에 있어서 소유자와 노동자의 이해가 대립할 경우 기업 소유자가 책임 있는 결정을 하는 데 장애 요소로 작용하고요. 시장경제에서는 있을 수 없는 공산주의 방식이죠.

경영참여는 수십 년간 시장경제와 함께 발전했다

유럽에서는 오래전부터 공기업과 사기업을 포함하여 전체적으로 노동자 경영참여를 제도로 강제해왔다. 노동자가 기업 및 기관의 이사가 되어 주요 의사결정에 참여하는 노동이사제는 유럽에서 보편화된 제도다. 유럽연합 27개 회원국 가운데 18개국이 이 제도를 시행한다. 독일·프랑스·네덜란드·덴마크·스웨덴·핀란드 등 서유럽과 북유럽 국가 대부분이 노동이사제를 통한 경영참여를 실시한다.

독일은 1972년에 노동자의 경영참여를 가능하게 하는 작업구성법을, 1976년에는 공동결정법을 제정했다. 작업구성법은 석탄과 철강 산업을 제외한 민간 부문과 공공 부문에서 5명 이상을 고용하는 모든 기업에서 노동자들이 경영에 참여하도록 한다. 공동결정법은 2000명 이상을 고용하는 기업에서 노동자의 공동결정 참여를 법제화한 것이다. 공동결정은 작업장 수준에서의 직장위원회, 경영이사회의 노동자대표 참여, 감사회의 노동자대표 참여로 조직된다. 기업에서 중요한 의사결정을 주주, 은행, 노동자가 같이 한다. 경영참여는 직접적으로 소유권에 연관해서 만들어진 것은 아니다. 다만 경영에 참여하게 함으로써 소유권자가 갖는 권한을 일정 부분 행사하도록 한다.

한국에서는 오래전부터 노동자의 경영참여 요구가 나오면 곧바로 공산주의 딱지를 붙여왔다. 소유권과 경영권은 오직 자본에게 부여되어야 할 신성한 권리인데 노동자가 여기에 간섭하려는 시도는 공산주의 사고방식이라는 비판이다. 즉, 시장경제는 오직 자본을 가진 자유로운 개인의 투자와 경영에 맡겨야 하는데 노동자의 경영참여는 이를 교란시키는 정책이라는 점에서 자본주의 원리에 정면으로 어긋난다는 지적이다.

하지만 경영참여는 공산주의의 소유나 경영 방식과 전혀 다르다. '경영참여' 혹은 '공동결정'이라고 하지만 공동으로 참여하거나 결정할 수 있는 범위와 그 결정의 힘에서 한참 거리가 있다. 기업의 소유 문제, 작업 내용, 생산량과 생산방식, 원자재의 선별과 배분을 결정할 수 있는가?

어림없는 일이다. 공동결정이 가능한 것은 노동자의 부서 이동, 감원과 해고, 회사 내의 복지시설 개선 등이다. 소유, 그리고 이윤창출과 관련된 작업 내용을 제외한 부분에 한해서 공동결정이 이루어진다.

공동결정의 구속력조차 완전하지 않다. 회사의 어려움을 이유로 자본가가 감원, 공장 폐쇄, 복지시설 축소 등을 얼마든지 할 수 있고, 실제로도 그렇게 하고 있다. 공동결정의 힘 역시 마찬가지다. 프랑스의 경우 국영기업은 관리위원회를 두고 여기에 노동자 대표가 3분의 1만큼 참여하도록 되어 있지만, 실제 힘은 이 수치에 훨씬 못 미친다. 18명으로 구성된 관리위원회에서 노동자 대표에게는 발언권만 주어질 뿐 기업에 대한 통제력은 전혀 주어지지 않는다.

이처럼 노동자 경영참여는 갈등이나 불안정성으로 가득한 시장경제의 결함을 보완하는 역할이 강하다. 그럼으로써 냉혹한 이윤의 원리가 지배하는 세계에서 아주 조금은 인간의 얼굴을 한 자본주의의 가능성을 열어주는 것이다.

경영참여는 경제민주화의 중요한 통로다

그동안 한국 기업이나 정부, 혹은 보수 언론은 노동자 경영참여를 기업이 벌어놓은 재화를 노골적으로 나눠 먹으려는 욕구 정도로 치부했다. 전체 부를 창출하기보다는 하향평준화 논리에 불과하다는 비판에 몰두했다.

2016년에 서울시가 노동자 대표의 경영참여를 보장하는 '근로자 이사제'를 서울시 투자출연기관에 도입하려는 계획을 제시했다. 노동조합이 이사를 선임해 이사회에 파견하여 발언권과 의결권을 행사하게 하는 제도다. 하지만 재계와 정부는 모두 '경영권 간섭'이라며 반대 입장이다. 특히 한국경영자총협회(경총) 관계자는 "근로자 이사제를 공공기관에 도입하면 방만하게 경영할 가능성이 높아 결과적으로 국민에게 부담이 되고 일반 기업에 도입하면 기업 경쟁력을 떨어뜨린다"면서 강력한 반대 의사를 표명한다.

만약 그러하다면 어느 나라든 시장경제를 취하는 한, 기업이나 보수 세력이 노동자 경영참여를 절대 거부하는 입장이어야 한다. 하지만 역사적 과정은 매우 다르다. 어떤 면에서는 기업이나 보수 정치세력 스스로 일정하게 호응한 면조차 있다. 노동자 경영참여 정책의 전형을 보여준 독일의 사례를 봐도 그러하다.

노동이사와 주주이사가 함께 주요 안건을 결정하는 독일 공동결정법은 반세기 이상의 역사를 지닌다. 1951년 '광산철강산업 공동결정법'이 출발점이다. 이를 통해 독일은 제2차 세계대전 후의 극심한 노사갈등을 해결하고, 안정적인 사회·경제적 조건을 배경으로 급속한 경제성장을 이루었다. 이후 모든 기업으로의 확대 논의가 이어지면서 1976년 '공동결정법'이 통과된다.

이런 결과는 진보적 성향의 일부 정당이 이룬 것이 아니다. 연방의회에서 찬성 389 대 반대 22, 압도적 다수로 가결되었다. 자유시장을 신봉하는 보수 정당도 적극 찬성했기에 가능한 결과다. 보수와 진보를 가리지 않고 공동결정의 필요성을 절감한 것이다. 노동자 경영참여를 공산주의 정책으로 보는 견해가 얼마나 어처구니없는 편견인지를 잘 보여준다. 경영자들도 공동결정이 독일 경제를 발전시키는 요인의 하나라는 점을 인정한다. 메르켈 총리도 이 제도를 독일이 이룬 "위대한 업적"이라고 극찬한 바 있다. 노동자 경영참여라는 경제민주화 조치를 통해 독일의 사회 안정을 이루고 이를 바탕으로 경제발전을 실현할 수 있다고 보는 것이다.

많은 나라에서 노동자 경영참여는 생산성 향상에 필수적인 제도로 받아들여진다. 처음에는 노동자 대중운동 활성화의 영향에서 출발했지만, 점차 기업의 자기 필요와도 맞물리게 되었다. 노동자 경영참여는 이해 당사자인 노동자가 경영에 참여해 회사의 미래를 함께 결정하고 주인의식을 갖게 한다는 의미에서 생산의 민주화와 노동의 인간화에 기여한다. 또한 노조가 회사정책에 공동책임의식을 갖기 때문에 생산성과 품질관리 향상이라는 효과를 낸다. 결과적으로 두 마리 토끼를 동시에 잡는다는 평가를 받고 있다.

08 /

첨단 하드웨어 기술이 한국경제의 미래다

한국이 세계경제에서 경쟁력을 가질 수 있는 유일한 방법은 기술입니다. 특히 중화학공업이나 전자산업에서 이른바 하드웨어 기술이 중요해요. 한국이 급속한 경제성장을 할 수 있었던 것도 바로 이 분야에 집중 투자하고, 빠르게 기술경쟁력을 획득했기 때문이에요. 자동차, 조선, 가전제품 들이 그 중심에 자리하고 있었죠. 특히 지난 10여 년 사이에는 반도체와 스마트폰을 비롯한 정보통신기술이 한국경제를 이끌었어요. 앞으로도 하드웨어 기술이 한국경제의 미래입니다.

한국과 중국의 기술격차가 빠르게 좁혀지고 있다

하드웨어 분야의 기술력 향상이 한국의 압축적 경제성장에 결정적 역할을 한 것은 사실이다. 앞으로도 기술에서 경제발전의 동력을 찾는 방향을 부인할 사람은 거의 없다. 하지만 여기에서 '기술'이 의미하는 바를 기존처럼 하드웨어에 연관된 기술로 이해하는 순간 상당히 제한된 의미만을 지닌다. 그 기술이 한국경제의 미래라는 주장은 엄밀하게 말하면 반은 맞고 반은 틀리다.

인류 역사는 기술 혁신에서 새로운 돌파구를 찾아냈다. 농경기술에 의한 농업혁명, 증기기관을 출발점으로 공업기술과 결합된 산업혁명, 컴퓨터와 인터넷 같은 정보기술을 매개로 한 정보화혁명 등이 그러하다. 최근 한국경제에 불어닥친 위기도 기술에서 해법을 찾아야 한다는 충고가 많다. 몇 년 동안 경제성장률이 2%대를 벗어날 기미를 보이지 않는다. 신속하게 신성장 동력을 찾지 못하면 더 큰 어려움이 찾아온다는 위기감이 가득하다.

한국경제가 부진을 면하지 못하는 데는 일차적으로 세계경제 둔화가 큰 영향을 미친다. 여기에 중국의 추격으로 인한 시장 잠식도 무시할 수 없다. 앞으로 더 심각한 문제가 될 전망이다. 한국과 중국의 기술격차가 줄어드는 것은 현실로 확인된다. 한 나라의 기술 정도를 파악할 때 흔히 첨단기술을 중심으로 한 '기술격차'를 사용한다. TV, 휴대폰, 반도체 등 주요 분야에서 한국과 중국의 기술격차가 미세해서 중국이 턱밑까지 추격한 상태다. 한국은행이 2016년 발표한 '한중 경쟁력 분석 및 향후 대응방향'에 따르면 수출 주력산업의 기술격차는 2년 이내다. 무선통신(1.5년), 반도체(1.8년), 철강금속(1년), 석유화학(0.5년), 컴퓨터(0.4년) 등은 1년 안팎이다. 미래창조과학부와 한국과학기술기획평가원 조사에 따르면 기술격차가 1.4년에 불과하다. 전기차, 태양광 분야에서는 중국이 한국의 기술력을 추월했다. 항공·우주기술은 한국보다 4.3년, 드론은 10년 앞선다.

이에 비해 한국과 미국의 기술격차는 좀처럼 좁혀지지 않는다. 미래창조과학부의 2015년 '기술수준평가'에 따르면 4년 차이가 유지되고 있다. 2년 전보다 고작 0.3년 단축됐을 뿐이어서 정체 상태다. 중국은 같은 기간에 미국과의 격차를 0.8년 줄였다. 한국과 중국의 기술격차가 2년에 약 0.5년씩 줄어드는 상황을 고려할 때 앞으로 6~7년 정도면 차이가 사라진다. 기술적으로 비슷한 품질인데 가격은 현격하게 낮은 중국 제품과 경쟁해야 한다. 삼성경제연구소는 석유화학, 조선·해양, 자동차, 텔레비전, 휴대폰, LED, 반도체 등의 기술력을 비교한 결과 2015년부터 중국이 하나씩 추월할 것으로 전망했다.

기술이 한국경제의 미래라는 말을 관성적으로 반복하는 것은 안이한 대책일 수 있다. 미래창조과학부는 2015년 한국의 GDP 대비 연구개발비(R&D) 투자 비율이 4.23%로, 세계에서 가장 높았다고 밝혔다. 하지만 연구개발비 총액은 중국이 4~5배 많다. 앞으로 한국이 중국보다 많은 연구개발비를 투자할 여력이 과연 있을까?

한국과 중국의 격차가 빠르게 좁혀지는 부분은 대부분 하드웨어 연관 기술 분야다. 만약 지금보다 더 많은 연구개발비를 쏟아붓는다면 이 분야에서 중국과 비슷한 기술경쟁력을 유지할 수는 있다. 하지만 현격한 가격 차이를 해결할 방법이 없기 때문에 결과적으로 시장 경쟁력이 뒤떨어진다. 그렇기 때문에 미래 한국경제의 희망을 하드웨어 연관 첨단기술로 한정하여 찾는다면 반은 맞고 반은 틀린 주장인 것이다.

창의적인 콘텐츠 경쟁력이 중요하다

문제는 기술에 대한 투자 대비 성과가 적다는 점과 기술 개발이 하드웨어 분야에 집중되어 있다는 점이다. 세계지식재산권기구에 출원된 국제특허 건수를 봐도 중국이 한국보다 2배 가까이 많다. 기초과학 분야의 연구로 들어가면 더욱 심각하다. '과학계 3대 저널'로 불리는 《네이처》《사이언스》《셀》에 2015년 9월부터 1년간 한국 논문이 게 재된 횟수는 38회다. 중국은 172회, 일본은 113회로 3~4배 많다. 한 국은 연구개발비 중 기업투자 비중이 74.5%로 압도적이고 기초과학 분야는 매우 취약하기 때문에 나타나는 현상이다.

한국이 중국을 상대로 지속적인 우위를 확보해야 하고 또한 그럴 가능성이 있는 분야는 소프트웨어 분야다. 누구나 잘 알고 있듯이 현 재도 그러하고 앞으로도 세계경제를 이끌어나가는 힘은 소프트웨어 를 비롯한 콘텐츠 경쟁력에서 온다. 진정한 의미의 기술경쟁력을 논 의할 때 콘텐츠 경쟁력을 가장 중요한 영역으로 놓아야 한다. 미래 지 향적 문제의식을 갖고 고민한다면 누구도 부정할 수 없는 방향이다.

소프트웨어는 가능성의 측면에서도 중요하다. 하드웨어 관련 기술 은 현재 한국과 중국의 미세한 기술격차 정도를 전제할 때 얼마나 많 은 연구개발비를 투자하느냐에 상당 부분 좌우된다. 하지만 창의적인 콘텐츠는 반드시 비용과 성과가 일치하는 것은 아니다. 투자비용만이 아니라 한 나라의 교육과 문화, 제도의 경직성 정도, 나아가서는 사회 구성원에게 보장하는 자유의 정도 등 수치화하기 어려운 다양한 요소 가 영향을 미치기 때문이다. 인구와 경제 규모 격차를 극복하는 경쟁 이 가능한 것이다.

하지만 소프트웨어 분야에서 한국의 경쟁력은 뒷걸음질 치고 있 다. 한국산업기술평가관리원이 발표한 〈2013년 산업기술수준조사 보 고서〉에 따르면 미국을 100으로 봤을 때 한국의 소프트웨어 기술 수

준은 평균 75.2점이다. 일본은 81.6점, 유럽은 84.9점, 중국은 65.8점
이다. 한국은 몇 년 전에 81점이었다가 77점을 거쳐 낮아지는 추세다.
전력을 다해야 할 분야에서 주춤거리다 오히려 추월당할 판이다.

진정 한국경제의 미래를 준비하고자 한다면 콘텐츠 경쟁력을 강화
하는 방향으로 나아가야 한다. 인공지능(AI)이나 가상현실(VR), 소셜
네트워크서비스(SNS) 등과 같은 IT기술 분야의 소프트웨어는 물론이
고 창의력과 상상력이 요구되는 다양한 분야의 콘텐츠에서도 전망을
열어야 한다. 패션을 비롯하여 유행을 이끌어나가는 산업, 다양한 대
중문화와 연관된 산업 등에서 경쟁력을 갖춰야 한다. 이를 위해서는
암기 중심의 학교 교육이나 획일적 기준의 평가, 나아가서는 기계적
인 스펙 중심의 취업과 승진 등 창의적 사고능력을 가로막는 한국사
회의 고질적 문제를 해결해야 한다.

09 /

부동산경기가 활성화되어야 경제가 살아난다

규제를 풀어 부동산경기를 활성화해야 내수 경제가 살아나요. 지금 우리나라 생활경제가 심각한 침체에 빠진 건 외부 충격보다 내수 침체에서 오는 비정상적인 결과거든요. 부동산 규제는 투자심리는 물론이고 소비심리도 위축시켜요. 부동산 시장 침체는 집값 하락, 금융 부실, 경기 침체의 도미노 현상으로 이어져 국민경제에 악영향을 주죠. 부동산 규제를 완화하고 충분한 물량을 공급해줘야 합니다. 그래야 전세대란 등 당장의 주택문제를 해결할 뿐만 아니라 국민에게 투자처를 제공하고 내수를 활성화할 수 있습니다.

부동산경기 활성화와 경제성장은 별개의 문제다

흔히 한국을 부동산 공화국이라고 한다. 한국은행과 통계청이 2016년 발표한 '2015년 국민대차대조표'에 따르면 국부에 해당하는 국민순자산은 1경2359조5000억 원이다. GDP 대비 7.9배다. 이는 몇 년 전 조사된 호주(5.9배), 캐나다(3.5배), 일본(6.4배) 등에 비해 훨씬 높다. 부동산자산의 가격이 높기 때문이다. 한국은 부동산자산이 전체 순자산의 90%를 차지한다. 국부 대부분이 부동산에 묶인 부동산 공화국의 현실이다.

역대 한국 정부의 부동산정책은 투기 조장 성격이 강했다. 아예 '빚내서 집 사라'는 식으로 대놓고 분위기를 띄운 경우도 많다. 2016

년 서울 아파트 매매 가격은 3.3㎡당 1853만 원으로 역대 최고 수준이었다. 지난 몇 년 사이에 부동산 시장 정상화를 내걸고 세제부터 금융, 재건축, 주택제도 등 전 분야에 걸쳐 규제를 풀며 부동산 부양책을 쏟아낸 결과다.

부동산경기 활성화와 함께 국민경제도 상승 곡선을 그리는가? 대부분 피부로 느끼듯이 국민경제는 갈수록 침체의 나락으로 떨어지고 있다. 이는 부동산 관련 사업체 매출액과 제조업 추세를 비교해도 금방 나타난다. 통계청이 2016년 발표한 '2015년 기준 경제총조사 잠정 결과'를 보면, 부동산·임대업의 전체 매출액은 5년 새 65.7% 증가해 가장 높은 증가율을 보인다. 제조업의 매출액 증가율은 16.9%로 부동산·임대업 증가율의 4분의 1에 그쳤다. 부동산 시장이 호황을 누리는 동안 제조업을 비롯하여 경제성장의 기둥이 되어야 할 부분이 휘청거리고 있다. 이 결과는 부동산경기 활성화가 다른 산업 분야의 성장을 자극하는 역할과 일치하지 않을 수 있고, 경우에 따라서는 충돌 관계에 설 수도 있음을 보여준다.

정부의 노골적인 부동산경기 부양책이 나라 빚만 늘렸다는 비판이 많다. 지난 몇 년 사이에 가계부채는 가장 많이, 그것도 가장 빠르게 늘어났다. 가계부채는 이미 1300조 원을 돌파했고, 2017년이면 1500조 원에 이를 것으로 예상된다. 가계부채 총액이 GDP의 90% 수준이어서 이미 위험수위다. 서브프라임모기지 사태가 발생했던 2007년 미국(79%)을 크게 웃돈다. 현재 미국(79.2%), 일본(65.9%), 유로존(59.3%)보다도 매우 높은 수준이다. 가계부채가 임계점을 넘어서 한국경제에 직격탄이 될 수 있다는 지적이 많다.

현대경제연구원의 2016년 말 발표에 따르면 가계부채가 늘어나면서 한계가구도 증가하는 추세다. 한계가구란 금융부채가 금융자산보다 많고, 원리금 상환액이 처분가능소득의 40%를 초과하는 가구를 말한다. 한계가구는 매년 꾸준히 증가해 2015년에는 14.8%에 달했다. 소득 5분위 가운데 1분위는 22.9%, 2분위는 18.5%가 한계가구다. 자영업자는 15.8%에 달한다. 2015년 가계금융복지조사를 보면 한계가구의 44.1%는 대출기한 상환이 어렵고, 한계가구의 73.6%는 원리금 상환에 따른 생계부담으로 지출을 줄이고 있다.

부동산 거품이 한국경제의 발목을 잡는다

가계부채는 한국사회에서 시한폭탄으로 불린다. 저소득층은 연소득의 거의 2배가 빚일 정도다. 소득에 비해 지나치게 높은 부채는 일상의 삶을 위협한다. 통계청이나 한국은행의 조사에 따르면 매번 금융부채를 보유한 가구 중 3분의 2 이상이 원리금 상환에 부담을 느낀다고 답한다. 가계부채 급증 원인은 일차적으로 부동산 비용이다. 그동안 정부의 가계부채 대책은 부동산 가격을 올리는 방식이어서 시한폭탄을 갈수록 크게 만들었다.

부동산 거품은 개인만이 아니라 사회 전체에도 시한폭탄 역할을 한다. 한국의 평균 봉급쟁이가 월급을 모아 30평 남짓의 아파트를 장만하려면 전국 평균 약 20년, 서울 평균 약 30년이 걸린다. 현재 집이 없어 전세나 월세를 사는 사람이 약 40%에 이른다. 특히 서울은 전체 가구의 50% 이상이 무주택 가구로 자기 소유 집에 사는 가구보다 많다.

이러한 현실은 한국경제를 침체의 늪으로 밀어 넣는다. 가계부채 중 가장 높은 비중을 차지하는 것이 주택담보대출 등 부동산 관련 빚이다. 부동산 비용은 미래 소비를 현재 시점에 당겨쓰는 것과 같다. 빚을 내서 집을 사면 원리금 상환 부담 등으로 미래 소비가 위축된다. 그나마 소비능력이 있는 중산층 가운데 상당수가 주택 관련 대출금을 갚느라 허리띠를 조이고 살아야 하는 상황에서 내수 증가를 기대하는 것은 나무에서 생선을 구하는 일이나 다름없다.

부동산 거품은 제조업을 고비용 구조로 밀어 넣는 주범 중 하나다. 투기로 땅값이 폭등한 탓에 공장을 운영하려면 엄청난 용지 비용이 들어간다. 전경련 조사에 따르면 한국의 안산 반월·시화 산업단지와 중국 칭다오 기술 개발구를 비교한 결과, 임금은 약 10배 차이가 나고, 땅값은 약 40배 차이가 난다. 이런 결과는 한국 제조업체의 해외 이전을 자극하는 고비용 요인 가운데 임금과 함께 부동산 비용도 적지 않은 비중을 차지하고 있음을 보여준다.

또한 부동산 거품은 고부가가치 산업을 중심으로 한 경제구조조정을 가로막는 요인이다. 그 결과 부동산 공화국 관성에서 벗어나지 못하고 건설업 의존도를 높이면서 성장 잠재력 향상과는 반대 방향으로 가게 된다. 한국경제에서 건설업이 차지하는 비중은 다른 주요 산업

국가에 비해 높은 편이다. GDP 대비 투자 비중을 봐도 건설업 비중이 선진 8개국에 비해 약 2배에 이를 정도여서 아직 후진국형 산업구조에서 벗어나지 못한 상태다.

우리는 일본의 거품경제가 초래한 이른바 '잃어버린 20년'을 반면교사로 삼아야 한다. 일본의 부동산 거품은 비정상적인 자산가치 상승의 주범이었다. 당시 일본 정부는 금리 인하를 통해 빚을 내서 집을 사도록 유도했다. 거품은 결국 터지게 되었고, 금융권 부실 채권이 대량 발생했다. 일본은 빚으로 쌓아 올린 주식과 부동산 가격 붕괴로 20년 가까이 불황의 늪에 빠졌다.

한국의 부동산 거품은 일단 현상적으로는 '잃어버린 20년' 당시 일본보다 덜 심각하므로 일본의 거품경제와 동일 선상에 놓기는 어렵다. 하지만 이미 전세 가격이 매매 가격에 육박하는 현상, 1300조 원을 돌파한 가계부채 등 비정상적 현상이 지속되고 있는 현실, 또한 지난 몇 년간 2%대의 경제성장률을 기록하고 있는 심각한 취업난이 10년 이상 해결되지 않는 현실을 볼 때 일본의 불황이 우리와 무관하다고 손사래를 칠 수는 없다.

10

노동유연성을 높여야 기업이 산다

노동유연성은 해고가 쉽고, 노동시간·노동 형태·임금 방식이 신축적인 특징이 있어요. 노동유연성이 대중 용어로 자리 잡은 데는 두 가지가 결정적으로 작용했죠. 하나는 수십 년 전부터 시작된 세계화 흐름입니다. 시장의 자율성을 극대화해서 '기업 하기 좋은' 환경을 만드는 게 가장 중요한 정책이라고 보는 거죠. 노동 분야는 노동유연성이 핵심이에요. 다른 하나는 외환위기 탈출이라는 더 직접적인 동기고요. 투자 활성화와 일자리 창출의 전제조건이죠. 국제적·국내적 조건과 단기적·장기적 필요 모두에서 노동유연성 확보가 긴급한 과제입니다.

비정규직의 비중이 위험 수위에 이르렀다

한국경제의 침체를 극복할 방법은 노동개혁을 포함한 구조개혁밖에 없다는 주장이 수십 년째 되풀이되고 있다. 수출도 예전 같지 않고 경제 원동력이라고 할 수 있는 소비도 위축되어 있다. 경제성장률 2%도 무너질 수 있다는 불안감이 팽배하다. 이 모든 현상은 기업 투자가 활성화되지 않을 때 나타난다는 것이다. 이렇게 말하는 사람들은 기업이 투자에 소극적인 이유를 노동개혁이 지연되고 규제 완화가 제대로 진척되지 않는 데서 찾아야 한다고 주장한다.

한국의 노동유연성이 다른 나라보다 떨어진다는 주장은 과연 진실일까? 가장 중요한 비정규직 관련 통계를 보면 노동유연성이 너무 높아서 고통받는 상황이다. 한국노동연구원의 '2016 비정규직 노동통계'에 따르면 비정규직 근로자 수는 644만4000명으로 전체 임금 근로자(1962만7000명)의 32.8%를 차지한다. 근로자 3명 중 1명꼴로 비정규직이다. 비정규직 비중은 2014년 32.4%에서 2015년 32.5%, 2016년 32.8%로 계속 높아지는 추세다. 비정규직 근로자의 학력분포를 보면 고졸이 44.3%로 가장 많지만, 전문대를 포함한 대졸 이상도 31.8%여서 고학력 비정규직도 상당수에 이른다.

다른 나라와 비교하면 그 심각성이 더 분명히 드러난다. 2015년 OECD의 '주요국 한시적 근로자 비율'을 보면 한국이 OECD 평균보다 약 2배나 높다. 일본에 비해서는 무려 3배 이상이다. 비정규직에서 정규직으로의 전환 비율을 봐도 심각하다. OECD의 '3년 근무 뒤 비정규직의 정규직 전환율'을 보면 프랑스·스페인·포르투갈·이탈리아·독일·영국 등 서유럽이 대략 45~60%, 네덜란드·벨기에·룩셈부르크 등이 70~80%에 이른다. 한국은 고작 22.4%에 머문다. 정규직으로의 전환 비율이 OECD 절반도 안 된다. 이러한 현실을 두고 한국 노동시장이 경직되어 있다고 말하는 것은 억지에 불과하다.

그나마 한국의 통계 방식은 비정규직 수를 줄이는 경향이 있다. 통계청 기준에 해당하지 않지만 사실상 비정규직인 경우가 상당하다. 통계청 자료에 의하면 우리나라 비정규직 노동자는 2016년 8월 기준 644만4000명이다. 전체 노동자 1962만7000명 중에서 32.8% 비중으로, 약 3명 중 1명이다. 하지만 한국노동사회연구소의 분석에 의하면 통계청의 수치에는 실질적인 의미에서 비정규직과 다름없는 사내 하도급과 영세 자영업체 노동자 등이 빠져 있다. 대략 250만 명에 달하는데, 이들은 스스로 비정규직으로 인식하지만, 통계청 기준에 해당하지 않아 정규직으로 분류된다. 이들까지 합하면 비정규직은 대략 임금 노동자 2명 중 1명꼴이다.

아시아 금융위기 전에도 한국은 OECD 국가들에 비해 비정규직 노동자가 상당히 많은 편이었다. 거기에 더 자율화를 했으니 한국의 노동유연성 정도는 오히려 노동시장을 불안에 빠뜨리는 주범 역할을 한다. 정규직에 있는 사람들 역시 불안감이 크기는 마찬가지다. 40~50대만 돼도 빨리 일자리를 내놓으라고 재촉받는다. 정규직도 조기 퇴직 관행이 생긴 것을 고려하면 사실상 전 국민이 고용불안 두려움에 떨며 살아가고 있다는 말이 된다.

고용불안은 기업의 활력도 떨어뜨린다

비정규직 비율을 더 높여야 기업의 투자 의욕이 높아지고 경제가 활성화된다는 논리는 유럽의 현실만 봐도 별로 근거가 없다. 이러한 논리가 설득력을 얻으려면 유럽에서 비정규직 비율이 높은 나라에서 비슷한 현상이 나타나야 한다. 하지만 앞서 보았듯이 OECD의 '한시적 근로자 비율'이나 '정규직 전환율'을 보면 대체로 비정규직 비율이 너무 높아지지 않도록 조정하는 국가가 경제적 활력을 보인다. OECD에서 한국보다 비정규직 비율이 높은 나라는 최근 유럽 경제위기의 주범으로 불리는 스페인뿐이다.

높은 비정규직 비중은 양극화 심화로 한국경제에 먹구름을 끼게 한다. 비정규직은 정규직에 비해 턱없이 모자란 임금을 받는다. 한국 노동연구원의 2016년 조사에 따르면 비정규직의 월평균 상대임금 수준은 정규직의 53.5% 수준이다. 정규직 근로자의 임금 수준을 100%로 봤을 때 비정규직 근로자의 월평균 상대임금은 조사가 시작된 2003년부터 2008년까지 60%대 수준이었다. 이후 2008년 글로벌 금융위기의 여파로 국내경제가 위축되면서 2009년 54.6%로 격차가 더 벌어졌다. 현재는 그보다도 낮아서 격차가 가장 확대된 수준이다.

정규직과 비정규직 노동자의 임금 격차가 2배나 되는데도 노동시간은 거의 차이가 나지 않는다. 주 평균 노동시간에서 정규직 노동자는 42.7시간, 비정규직 노동자는 40.8시간이다. 전체 임금 노동자의 9.9%를 차지하는 시간제 노동자를 제외하면 대부분의 비정규직 노동자의 노동시간은 정규직 노동자와 비슷하다. 심지어 같은 사업장에서 같은 일을 하더라도 비정규직 노동자는 정규직 노동자보다 적은 임금을 받는다.

비정규직 문제를 방치할 경우 소득 양극화 현상이 심화되고 곧바로 내수 침체로 연결될 수밖에 없다. 고용불안이 심화되는 상황에서 지갑을 열 가능성은 줄어든다. 게다가 임금 노동자의 50%가 정규직 임금의 절반을 받는 조건에서 지갑을 열어봐야 내놓을 돈도 마땅하지 않다. 지금과 같은 내수 침체 터널이 길어질수록 기업의 성장 기반은 뿌리부터 흔들린다.

특히 최근에는 미국이 그간의 자유무역 원칙을 부정하고 보호무역주의 방향을 노골화하면서 유럽, 일본 등 전 세계적으로 자국 이익에만 몰두하는 현상이 확산되고 있다. 그 결과 수출 여건이 급격히 악화되고 있으니 그 어느 때보다도 내수 기반 확충에 힘을 기울여야 한다. 하지만 한국 대기업은 현금성 자산을 쌓아둘 정도로 막대한 이익을 얻는 상황임에도 정규직을 줄여 비정규직을 양산하고 있다는 점에서 문제가 더 크다.

거의 절반에 이르는 노동자의 임금이 하락할 때, 그 결과를 예측하기란 그다지 어려운 일이 아니다. 정부와 기업이 스스로 내수 기반을 무너뜨리는 데 앞장서고 있는 것은 정말 심각한 문제다. 단기적으로는 부담이 될 수 있으나 비정규직을 제한하고 정규직 고용을 늘리는 쪽으로 방향을 전환해야 한다. 무조건적인 일자리 창출보다 비정규직 문제를 해소하여 일자리의 '질'을 개선하려는 노력이 필요하다.

11 /

노조의 파업이 기업과 한국경제를 망친다

파업과 같은 적대적이고 과격한 노사분규는 기업과 국가의 경쟁력을 약화시킵니다. 자주 반복되는 노조의 파업은 기업 경쟁력을 가로막는 악재 중 하나죠. 노조의 파업으로 인한 생산 차질과 매출 손실, 이미지 및 신뢰도 추락은 치명적인 문제고요. 노사관계는 국내적 시야에서만 볼 게 아니라 국제사회로 눈을 돌려 국가 경쟁력 차원에서 살펴야 해요. 파업을 일삼는 강성 노조 때문에 기업과 국가가 경쟁력을 잃으면 외국 기업 투자 유치는커녕 국내 기업들마저 외국으로 내몰 수밖에 없거든요.

한국 노동자는 파업하느라 일을 덜 한다?

파업의 정도를 파악할 때 흔히 사용하는 기준이 '근로손실일수'다. 파업 참가자 수에 파업 시간을 곱한 뒤 이를 1일 근로시간(8시간)으로 나눈 것이다. 정부나 언론은 이를 근거로 한국은 세계적으로 파업이 가장 많은 나라 중 하나라는 식으로 노조의 과격성을 지적한다. 고용노동부의 '연도별 근로손실일수 및 노사분규 현황'에 따르면 2016년의 근로손실일수는 203만4760일이다. 전년의 44만6852일보다 4배 이상 많아졌다는 점도 놓치지 않는다.

일단 200만 일이라고 하니 입이 떡 벌어진다. 마치 일은 안 하고 1년 내내 허구한 날 파업만 했을 것 같은 느낌이다. 정작 노사분규 건수로 보면 2016년 한 해 동안 발생한 것이 119건이다. 고용노동부 '노사분규 통계'를 보면 1998년부터 2016년까지 평균적으로 매년 100 건 내외의 노사분규가 있었다. 119건이면 무지막지한 수준이라고 볼 수는 없다. 금융노조, 공공운수노조, 철도노조 등 조합원 규모가 큰 노조들의 파업이 있어서 생긴 현상이다.

실제 노동시간과 비교하면 200만 일은 그리 호들갑을 떨 만큼 어마어마한 시간은 아니다. 통계청 자료에 따르면 한국의 2015년 취업자 1인당 평균 노동시간은 2113시간이다. 2016년 총 노동자 수는 1974만8000명이다. 총 노동시간은 417억2858만 시간이다. 연간 52억1600만 일을 노동하는 것이다. 그중 파업일수가 200만 일이라면 전체 노동일수의 약 0.04%에 불과하다. 노조 사업장 노동자만으로 제한해서 계산하면, 노조 조직률이 10%가 채 안 되니까 전체 노동일수의 0.4% 정도다.

장시간 노동을 고려할 때 이 정도의 파업일수면 오히려 다른 나라에 비해 우리는 여전히 너무 일을 많이 하는 중이다. 우리나라 노동자는 OECD 평균 연간 노동시간 1766시간보다 347시간(43일), 즉 16% 정도 더 일한다. 장시간 노동에서 세계 2위를 기록하고 있다. 파업 때문에 일을 덜 하는 것처럼 묘사한다면 정말 황당한 일이다. 엄밀히 말해서 기본적인 산업국가 수준이 되려면 아직 훨씬 더 많은 시간이 남았다.

국가별로 인구 편차가 크기 때문에 '근로손실일수'만으로는 비교가 어렵다. 그래서 보통 인구 1000명당 파업으로 인한 근로손실일수로 비교한다. 기획재정부의 2010년 '국가 경쟁력 보고서'에 따르면 한국의 인구 1000명당 파업 근로손실일수는 17.2일로 조사 대상 27개 국 가운데 23위를 기록했다. OECD 평균은 8.44일이다. 이 수치를 놓고 한국이 2배 이상 파업을 많이 하는 셈이라고 규정한다.

하지만 이조차 다분히 통계를 통한 숫자놀음이다. OECD 다른 나라들은 2주 이하 파업일수를 제외하는 기준으로 산출한다. 차이가 있다면 일본은 비공식적 파업은 산출에서 제외하고, 영국은 정치파업일수 배제, 캐나다는 10일 이하 파업일수를 통계 산출에서 배제하는 정도다. 이에 반해 한국에서는 단 몇 시간이라도 파업시간에 포함한다. 심지어 총 파업집회 참가자 수 및 분쟁 건수까지 포함해 산출한다. 통계 기준의 차이까지 고려하면 한국의 파업일수는 아마도 OECD 평균 언저리에서 그리 멀리 떨어져 있지 않을 것이다.

파업을 둘러싼 오해와 편견

노조가 파업을 하면 기업과 언론은 곧바로 파업으로 인한 '매출 손실'을 들이민다. 예를 들어 고용노동부는 2016년 현대자동차 노조의 파업에 대해 "2조9000억 원이 넘는 매출 손실이 발생했다"는 자료를 냈다. 이 자료는 파업기간 동안 생산 차질로 재료비나 인건비 등이 발생하지 않기 때문에 '손실' 규모가 상당히 뻥튀기가 된 것이다. 게다가 평상시의 잔업과 휴일특근 예상치를 모두 반영한 액수 산출이기 때문에 허구적 수치는 더욱 늘어난다.

무엇보다도 매출 '손실'이라는 말은 사고를 조작하는 일종의 왜곡이다. 손실이라고 하면 마치 그만한 액수의 돈이 사라지는 느낌을 준다. 하지만 생산 일정이 뒤로 미루어지는 것이기 때문에 매출 '차질'이라고 봐야 한다. 실제로 파업 타결 이후에 대부분의 사업장에서는 노동시간 연장 등 집중 노동을 통해 일정 기간 후 원상복구가 이루어진다.

한국 기업은 손해배상 청구소송으로 파업에 대응한다. 소송에 질 경우 100억 원이든 1000억 원이든 노조원의 연대 책임이 된다. 프랑스, 독일, 일본 등 주요 자본주의 국가에서는 파업에 손해배상을 청구할 수 없다. 영국은 원래 파업에 민형사상 책임을 묻지 않았지만, 대처 수상이 집권하던 시절에 손해배상 소송 등이 가능해졌다. 하지만 배상 액수가 무한정인 우리와는 다르다. 노조원 수에 따라 상하한선이 있다. 노조원이 5000명 이하일 경우에는 1만 파운드다. 2만5000명이면 12만5000파운드, 10만 명 이상이면 25만 파운드로 제한한다. 25만 파운드가 4~5억 원 정도이니 노조 규모를 고려할 때 큰 부담은 아니다.

한국의 파업 사유도 면밀히 봐야 한다. 상당 부분이 구조조정 반대, 즉 기업의 대량 정리해고에 맞서는 저항이다. 다른 나라도 야만적 대량해고 사태를 맞닥뜨린 경우라면 과거 영국 탄광노동자들이 그러했듯이 파업으로 저항했을 것이다. 다른 나라는 사회적으로 대량 정리해고를 기피하는 방식으로 해결하고 있어서 한국과는 다른 양상이 나타나는 것으로 봐야 한다.

기업과 정부가 산별노조 교섭을 부정하는 것도 파업을 유도하는 역할을 한다. 유럽은 보통 정리해고 문제를 산별노조 차원에서 기업이나 정부와 논의하여 해결한다. 산별노조 전체가 파업에 들어가면 사회적 파장이 크기 때문에 타협이 이루어지는 경우가 많다. 하지만 한국은 산별 교섭이 막혀 있어서 어쩔 수 없이 개별 기업이 파업을 해야 하는 사정이다.

게다가 이른바 '불법'이라고 규정된 파업 말고는 어떻게 해볼 수 없는 경우조차 많다. 현행 '노동조합 및 노동관계 조정법'에 따르면 파업 목적이 임금, 근로시간, 복지, 해고 등 개별 사업장 근로조건에 관한 것이 아니면 불법이다. 이 때문에 개별 사업장을 넘어 노동자 전반의 문제나 산별 교섭 등을 요구할 때 불법 파업으로 규정되는 경우가 많다.

한국 노동자들이 너무 자주 무분별한 파업을 하고, 법과 제도가 이에 대해 너무 관대해서 문제라고 생각한다면 큰 착각이고 오해다. 오히려 노조와 파업에 대해 균형 잡힌 시각이 필요하다. 프랑스에서는 공공부문이 파업을 하면 산별노조이기 때문에 항공기, 철도, 지하철을 비롯하여 사실상 거의 모든 교통수단이 멈춘다. 사람들은 자전거를 타거나 걸어서 출퇴근을 한다. 그럼에도 국민 다수는 파업에 대해 불편함을 토로하지 않는다. 파업권이 제한되어서는 안 된다는 사회정의 의식이 강하기 때문이다.

12 /

복지가 늘어나면 국민이 나태해진다

복지제도는 개인이 노력해서 얻은 이익의 상당 부분을 누진세를 통해 가져가버려요. 이는 사적 이익 추구라는 동기 부여뿐만 아니라 개인의 투자 재원 형성에 큰 지장을 줍니다. 효율적 투자와 경영을 해봐야 손에 돌아오는 게 상당히 줄기 때문에 부자들은 열심히 일해서 고용과 부를 창출할 동기를 잃어요. 노동자도 실업수당, 의료 혜택, 무상교육, 심지어 최저소득 등을 보장받는 상황에서 열심히 일할 의욕을 잃고요. 그 결과 경제는 침체에 빠집니다.

취약한 복지가 노동 의욕을 떨어뜨린다

정말 복지가 투자나 노동 의욕을 갉아먹고 경제를 침체시키는가? 세계를 호령하던 영국이 20세기 중반 이후 침체기에 들어서자 대처 수상을 비롯하여 신자유주의를 주장하는 세력들은 비대해진 복지제도가 핵심 원인이라고 주장했다. 이러한 논리가 설득력을 얻으려면 영국만이 아니라 여러 나라에서 복지가 발달할수록 경제 활력 저하 현상이 나타나야 한다.

사실 영국은 대처 수상 이전에도 유럽에서 최고 수준의 복지국가라고 보기는 어려웠다. 누구나 인정할 만한 복지국가의 상징은 스위스다. 스위스는 실직이나 궁핍한 노년에 대한 두려움을 가질 필요가 없는 나라다. 사회보장 시스템이 탄탄해서 실직자나 노인이 기본적

삶을 영위하는 데 큰 어려움이 없다. 정치, 경제, 사회, 문화 등 모든 분야에 정교한 공존 장치가 마련되어 있다.

스위스에서 투자나 경제성과, 노동생산성이 나락으로 떨어지는가? 오히려 스위스는 2016년 현재 1인당 GDP가 7만8179달러로 룩셈부르크와 함께 세계 최고 수준이다. 2만5990달러인 한국에 비해 거의 3배다. 높은 취업률, 높은 소득, 많은 사유재산, 적은 실직자 등이 스위스 경제를 건강하게 떠받치는 힘이다.

OECD 전체로 확대해도 사정은 그리 달라지지 않는다. OECD의 평균적인 복지는 한국과 비교할 수 없을 정도로 앞서 있다. GDP 대비 공공복지 예산을 보면 OECD 평균이 20.6%인데 한국은 9%에 불과하다. 실업급여, 국민연금, 기초노령연금, 건강보험 등 복지 혜택을 수치로 나타낸 사회임금 정도는 더 큰 차이를 보인다. OECD 평균이 31.9%인 데 비해 한국은 7.9%다. 사회복지를 측정하는 다양한 기준에서 한국은 OECD 국가 중 거의 꼴찌다. 한국보다 못한 국가는 멕시코가 유일하다.

한국과 다른 OECD 국가들을 비교하면 복지와 노동 의욕·노동생산성이 음의 비례 관계라는 주장이 적용되지 않는다. 한국처럼 복지에 인색하고 기업 이익에 최대한 몰두하는 나라라면 우월한 노동생산성을 보여야 한다. 하지만 2016년 자료를 보면 한국은 OECD 가운데 최하위권에 속한다. 34개 회원국 가운데 28위다. 미국, 프랑스, 독일 등 OECD 국가들 중 상위그룹 평균의 절반 수준에 불과하다. 노동시간은 OECD 2위인데, 임금은 평균의 80% 수준이고, 노동생산성은 최하위에 머물러 있다.

복지에 소극적인 미국의 경우를 보더라도 마찬가지다. 미국은 조세 비율을 50여 년 만에 최저치로 낮추고 복지 수준을 후퇴시켰지만 미국 경제는 서방 국가 중에서 회복 속도가 가장 늦은 편에 속한다. 실업이나 의료 관련 복지가 취약한 미국에서 실업은 모든 것을 잃는 것으로 연결된다. 직업 안정성이 전반적으로 낮은 상태에서 소비를 늘려 선순환 경제를 만들기 어렵다. 또한 직업 재교육과 재취업 과정에서도 정부의 도움이 미약해서 시장 변화에 따라 새로운 전문적 역량을 다시 마련하기도 어렵다.

적극적 복지가 건강한 경제를 만든다

기업가나 금융가 수입의 적지 않은 부분을 복지로 사용하는 것이 그들에게도 바람직하다. 직접 과세의 방법을 통해 금융가, 기업가 등의 실질적인 수입이 일정하게 줄어드는 경향이 있기는 하다. 하지만 이를 통해 고용 확대를 이루고 지속적인 경제성장을 이룰 수 있다면 결과적으로 더 많은 이익을 보장한다.

현대적 재분배는 한국 정부나 언론에서 흔히 말하듯 부자에서 빈자로 소득이 이전되는 방식이 아니다. 부자에게 돈을 거두어 빈곤계층에게 나누어주는 노골적 퍼주기가 아니라, 의료·교육·연금 등 공공서비스와 대체소득 방식으로 제공된다. 시장에서의 노동을 통한 임금을 보완해주는 사회임금 성격을 띠기 때문에 소비능력이 강화되고 내수가 늘어난다.

복지를 통한 내수 기반 확충은 불황이나 공황으로 다수의 기업이 도산하여 경제적 손실을 초래하는 것을 막는다. 당장은 세금으로 적지 않은 돈이 나가서 이익이 줄어드는 것 같지만, 안정적 이윤 확보를 가능케 하여 장기적으로는 기업에게 더 많은 이윤을 보장한다.

그 결과는 단지 소비 증대에만 머물지 않는다. 공공지출 증대로 고용 확대를 비롯한 경제성장에 기여한다. 현대사회는 다양한 공공부문에 대한 정부 투자로 양질의 일자리를 확대한다. 예를 들어 교육 복지를 강화하여 학급당 학생 인원을 대폭 줄이면 그만큼 교사 수요가 늘어난다. 의료 복지를 확대해도 관련 전문 인력 수요가 늘어난다. 특히 정보기술의 비약적 발전으로 생산직은 물론 사무직 업무도 상당 부분 자동화되는 조건에서 사기업의 고용 확대 기능이 심각하게 약화된 상태다. 그러므로 복지를 통한 공공부문 일자리 창출이 갈수록 중대한 의미를 갖는다. 장기적인 관점으로 볼 때 복지제도는 사회 전체에게 더 큰 이익을 준다.

또한 복지를 위한 누진세는 간접세로 발생하는 저소득층의 과중한 부담을 상쇄하기 위해서도 타당한 방식이다. 대부분의 국가는 많은 종류의 간접세를 가지고 있다. 예를 들어 물건을 구입할 때 지출하는 소비세가 여기에 해당한다. 하다못해 자장면 한 그릇을 사먹더라도 모든 국민은 간접세를 지불한다. TV를 1대 사더라도 기업가가 사든 저소득층이 사든 동일한 액수의 간접세를 지불한다. 간접세의 특성상 구매자의 수입 정도와 상관없이 일괄적으로 징수한다. 그러면 수입의 격차를 고려할 때 저소득층에게는 과중한 부담을 주게 된다. 이를 보상하기 위해서도 직접세에 누진성을 적용하는 것은 형평성에서 그리 문제가 되지 않는다.

13

복지 혜택은 가난한 사람에게만 주어야 한다

산업사회에서 완전히 경쟁력을 상실해서 절망에 빠진 사람들은 국가가 보호해줘야 해요. 복지정책을 통해 공적 부조나 공적 구제 형태로 절대빈곤에 빠진 사람들을 구제해야죠. 하지만 국가의 복지는 딱 여기까지여야 합니다. 모든 사회 구성원에게 의료 혜택이나 은퇴소득 등을 제공하는 보편적 복지 개념으로 접근해서는 안 돼요. 필요한 사람이 개별적으로 미래를 대비함으로써 재정의 건전성이 보장되고, 사기업이 보험을 담당함으로써 효과적으로 기금이 운영됩니다.

복지는 보편적 성격을 지닌다

유럽에서 복지가 시작될 때 절대빈곤에 초점을 맞췄던 것은 사실이다. 당시 복지는 독립적 생활 능력이 결여되었거나 극도의 저소득층을 보호하는 장치의 성격이 강했다. 하지만 점차 보편복지 개념이 강화되어 국민연금이나 의료보험처럼 모든 사회 구성원을 대상으로 하는 정책이 중시된다.

오늘날 대부분의 복지국가는 정부가 운영하는 전 국민 의료보험이나 사회보장제도를 실시한다. 공적 의료보험은 유럽의 거의 모든 국가에서 시행되는 일반적 정책이다. 영국·캐나다·스페인은 의료비용의 상당 부분을 국가에서 지급하고, 호주·벨기에·프랑스·독일·네덜란드는 의료비용을 사회보장 시스템 안에서 해결한다. 보험은 의무적으로 가입해야 하며, 보험료는 위험이 아닌 수입에 연동되도록 법률로 정해놓는다.

이와 달리 미국은 개인적 해결에 초점을 맞춘다. 미국에서는 공적 의료보험이 빈곤층과 노년층에게만 국한된다. 민영 의료보험 회사가 의료비용의 많은 부분을 지불하도록 한다. 개인이 민간보험에 가입하며, 보험료는 소득이 아닌 위험에 연동되어 있다. 이러한 시스템에 호의적인 사람들은 민간 차원의 연금보험이나 의료보험이 사기업이기 때문에 효율적으로 운영되어 가입자에게 더 큰 이익을 준다고 주장한다.

하지만 민간보험에 의존하는 국가의 현실은 기대와 전혀 다른 결과로 나타난다. 미국은 총 경제 규모로 봐서는 세계에서 가장 잘사는 나라지만 무려 약 5000만 명에 이르는 국민이 의료보험에 가입하지 못해서 병원을 마음대로 갈 수 없는 상황이다. 이들은 일단 병에 걸리면 막대한 치료비용을 개인이 부담해야 한다. 적지 않은 사람이 비용 때문에 치료를 포기해야 한다.

한국도 민간보험 의존도가 상당히 높다. 전체 경제에서 보험 산업이 차지하는 비율이 세계 2위다. 개인 경제활동에서 민간보험에 내는 돈이 얼마나 되는지를 보여주는 보험밀도는 세계 7위다. 민간보험 특성상 상품 판매를 늘리기 위한 광고 등 영업비용이 많이 들어가고 그만큼 가입자 혜택은 대폭 줄어든다. 한국에서 개인이 보험금을 돌려받는 비율은 2010년 기준 53%이며, 이는 OECD 주요 10개국 중 9위에 해당하는 비율이다.

그만큼 오히려 민간보험이 비용 측면에서 효율성이 떨어진다. 이는 한국만의 문제가 아니다. 미국의 1인당 의료비용은 스위스보다 3분의 1가량 높으며, 유럽의 많은 국가들보다 2배가량 높다. 그런데 유럽의 복지국가들은 모든 사회 구성원에게 거의 무상으로 의료보험을 제공한다. 미국은 노년층과 일부 저소득층에게만 의료보장을 하면서도, 미국 정부가 1인당 지급하는 비용은 영국의 공공 및 민간 지출 금액보다 많다. 최근 조사에 따르면 미국인 응답자의 17%만이 의료보장 시스템에 만족한다. 정상적이라고 볼 수는 없다.

복지는 상대빈곤을 포함하여 국민 전체 삶의 질 개선에 기여해야 한다. 양극화로 인한 사회불안 요소를 시장에 방치하는 상태를 정의롭다고 말할 수 없다. 교육과 노년 소득, 의료 서비스의 상당 부분은 보편적 복지에 의한 공공지출이 담당해야 한다. 모든 어린이는 가난하더라도 충분한 교육으로 자신의 처지를 향상할 수 있는 기회를 제공받아야 한다. 또한 모든 국민은 생활에 필요한 수입이 빠듯하더라도 기본 의료 서비스를 제공받아야 한다.

보편적 복지가 사회 안정과 발전에 기여한다

보편적 복지를 비판하는 입장에서는 국가가 사회보장이나 의료보험에 개입하면 개인과 사회 모두에게 피해를 줄 뿐이라고 주장한다. 개인은 필요 이상의 지출로 소비능력이 감소하고, 기업은 기업대로 국민연금이나 의료보험과 관련하여 비용 지출을 해야 하기 때문에 투자 재원의 축소를 낳는다는 것이다.

이러한 비판과 달리 보편적 복지는 현실에서 소비능력을 향상시킨다. 원래는 개인이 지출해야 할 의료·교육비용, 노년기의 소득을 보편적 복지가 보완해줌으로써 가처분 소득 증가 효과를 낸다. 사회보장도 마찬가지다. 사회보장을 위해 개인의 임금에서 떼는 돈은 단순히 비생산적·비소비적 지출이 아니다. 실업으로 개인의 소비능력이 전무한 상태로 전락하는 것을 막음으로써 전 사회적인 소비의 양을 유지하는 안전판 기능을 한다.

반대로 보편적 복지가 취약할 때 소비 위축 현상이 발생한다. 한국과 일본의 경우를 봐도 이러한 경향은 분명해진다. 의료비용과 노후 비용이 불안하기 때문에 가급적 수입을 소비보다는 미래를 대비하여 저축으로 돌리는 경향이 매우 강하다. 두 나라는 공통적으로 보편적 복지가 강한 서유럽이나 북유럽에 비해 내수 침체 현상이 심하게 나타난다.

사회복지제도나 의료보험제도는 직접 고용 확대 역할도 한다. 1~2차 산업에서 무한정한 일자리가 만들어지는 것이 아닌 이상 사회 전체적인 소비능력을 유지·확대하기 위해 서비스 산업에서 많은 고용을 담당해야 한다. 사회복지와 의료보험은 공적 서비스 분야로서 고용 확대를 위한 훌륭한 창구 역할을 한다. 또한 보편적 복지는 사회적으로 노동생산성의 기반과 연관된다. 병에 걸려도 치료할 수 없는 상황에 처한 사람들이 많아진다는 것은 그만큼 건강한 노동력이 줄어든다는 것을 의미한다.

보편적 복지는 사회적 재분배 효과도 수행한다. 먼저 기업이 국민연금이나 의료보험 관련 비용의 일정 부분을 부담하게 함으로써 재분배 효과를 낸다. 나아가서 국민연금은 그 자체로도 소득 재분배 기능을 한다. 상위 소득자보다 하위 소득자의 급여율이 높도록 설계되어 있기 때문이다. 사보험은 소득 계층과 무관하게 상품별로 연금액이 정해지므로 계층별 급여율에는 차이가 없다. 하지만 국민연금은 계층별 급여율이 달라서 저소득 계층에게 상대적으로 높은 급여율을 적용한다. 고소득 계층이 절대적으로 손해를 보는 것은 아니다. 모두 자신이 부담한 보험료 총액보다 연금 총액이 더 많도록 설계되었기 때문이다.

14

대통령제는 부패할 수밖에 없다

한국에서는 대통령과 친인척 등의 국정농단과 부패가 되풀이되었어요. 국민들은 몇 년에 한 번씩 국가 존립을 뒤흔드는 부정부패 사건 앞에서 깊은 실망과 분노를 느껴왔죠. 이건 특정 개인의 문제가 아니라 제도적 문제예요. 제왕적 대통령제는 누가 그 자리에 와도 마찬가지라서 제도 자체에 부패 성격이 있거든요. 부분적인 제도 개선을 넘어 제도적 틀 자체를 바꿔야 재발을 막을 수 있어요.

대통령제에서 부패가 더 많은가?

한국의 대통령은 임기 후반기에 형제나 처자식, 친인척의 전횡 때문에 사법처리 대상에 오르내리곤 한다. 대통령 선거 때마다 후보들은 정치 부패를 끝장내겠다는 단호한 의지를 밝힌다. 하지만 언제 그랬냐는 듯 몇 년 후에 추악한 부정부패 스캔들이 터지고 국민은 분노에 치를 떨며 아예 정치에 등을 돌리게 된다.

　최근 국민들의 정치개혁 요구도 단순히 인물이나 정당 차원을 넘어서 한국을 움직이는 시스템 자체를 혁신해야 한다는 방향이다. 일부에서는 제왕적 대통령제 권력구조를 그대로 놓아둔 상태에서는 어떠한 개혁도 약효가 없다고 주장한다. 동시에 대통령으로 집중된 권한을 축소하는 방향에서 개혁이 시작되어야 한다는 요구가 거세다.

　부정부패로 얼룩진 나라 가운데 대통령제를 채택하고 있는 경우가 많기는 하다. 프랑스나 미국 정도가 상대적으로 덜한 경우다. '국가청렴도지수'의 상위 20개 나라 가운데 대통령제를 취하는 나라는 거의 없다. 국가청렴도지수는 세계 반부패운동단체인 국제투명성기구에서 매년 공직사회와 정치권 등 공공부문에 부패가 얼마나 존재하는지에 대한 인식 정도를 100점 만점으로 평가해서 발표하는 자료다. 최상위권을 차지하는 덴마크·핀란드·스웨덴·뉴질랜드 등은 90점 내외다. 10위권인 독일·영국 등 서유럽은 80점 내외, 미국·일본은 70점대 중반이다.

반대로 청렴도지수가 낮은 경우에 대통령제 국가가 많이 분포되어 있다. 한국도 그중의 하나다. 2015년 한국의 국가청렴도지수는 56점으로 168개 조사 대상국 중 37위였고, OECD 가입 34개국 중에서는 27위로 하위권에 머물렀다. 7년 연속 정체된 모습을 보이고 있다. 한국에서 거듭되는 비선에 의한 국정농단과 친인척 부패 스캔들은 그 연장선상에 있다.

브라질도 대통령을 둘러싸고 대형 부패 사건이 끊이지 않는다. 최근에만 해도 룰라 전 대통령과 아내가 부패와 자금세탁 혐의로 여러 차례 기소됐다. 그의 뒤를 이은 호세프 대통령도 국영석유회사에서 수년에 걸쳐 막대한 돈을 횡령했다는 혐의로 탄핵당했다. 탄핵 이후에 정권을 넘겨받은 테메르 대통령 아래에서 이번에는 국영 연기금이 낀 수조 원대의 대형 부패 사건이 드러났다. 중남미 국가의 부정부패는 어제오늘의 문제가 아니다.

대통령제 아래에서 장기집권과 부패로 가장 유명한 지역은 단연

아프리카다. 아프리카에는 1명의 대통령이 20년 이상 장기집권하고 있는 나라가 열 군데가 넘는다. 적도기니, 앙골라, 짐바브웨, 카메룬, 우간다 등은 무려 30년이 넘도록 장기집권 경험을 갖고 있다. 수단, 차드, 에리트레아 등은 20년이 넘는다. 독재가 형성되고 집권이 장기화되면서 당연히 부정부패로 몸살을 앓는다.

그런데 사실 대통령제를 실시하는 나라 중에 부패가 많은 것은 대체로 제2차 세계대전 이후의 신생독립국이고 민주주의 경험이 일천한 나라들이 대부분이다. 신생독립국들은 한국과 마찬가지로 개발독재를 내걸고 대통령에게 권력을 집중시킨 경우가 많다. 그 결과 권력 남용과 부패가 이어진 것이다. 이에 비해 민주주의의 역사가 상대적으로 긴 나라 중에 대통령제를 택한 경우는 부패와 상대적으로 거리를 두고 있다. 따라서 부패를 꼭 대통령제의 문제로만 보기는 어렵다.

비례대표제와 지방분권이 중요하다

권력 집중이 부패를 낳는다는 지적 자체는 설득력이 있다. 부정부패 근절을 위한 방법으로 한 사람에게 권력이 고도로 집중된 대통령제에서 탈피하는 방향은 충분히 생각해볼 만하다. 권력자가 1명뿐이고 임기가 보장되기 때문에 아무래도 대기업 등 특정 이해를 가진 집단이 접근하여 유착관계를 맺을 가능성이 크다. 정당 운영도 당원보다 보스에 좌우되기 쉽기 때문에 부패에 대한 내적 견제도 약해진다.

대안으로 보통 세 가지 정도가 제시된다. 하나는 임기를 4년으로 줄이는 동시에 재선을 허용해 최대 8년의 임기가 가능하도록 한 미국식 4년 중임제다. 다른 하나는 대통령이 국방·외교·통일 등 외치를, 총리가 행정권을 포함한 내치를 각각 담당하는 분권형 대통령제로, 오스트리아·프랑스·핀란드의 이원집정부제가 여기에 해당한다. 마지막으로 총리와 장관을 국회에서 선출하고 국회가 정부 구성 및 존속 여부 등을 결정하는 의원내각제로, 영국과 일본이 대표적이다.

권력을 분산해서 부정부패의 고리를 끊겠다는 목적에 충실하려면 일단 4년 중임제는 사실상 의미가 없다. 오히려 중임이 허용되어 총 8년을 통치함으로써 권력 집중 가능성이 강화되는 면조차 있기 때문이다. 이원집정부제는 한국과 같은 분단국가의 경우 국방·외교·통일 등 외치와 내치의 구분이 분명하지 않다는 점에서 적합하지 않다. 권력 분산이라는 본래의 목적을 중심으로 한다면 의원내각제가 가장 효과적이다.

대신 의원내각제가 국민의 의사를 일상적으로 대변하는 본래의 취지에 부응하려면 현행 소선거구제가 아닌, 정당이 얻은 득표율대로 전체 국회의석을 배분하는 비례대표제 중심으로의 개혁이 전제되어야 한다. 소선거구제는 인물이나 정책보다는 지역 토착세력의 유착관계를 비롯하여 각종 이권과 연결될 가능성이 매우 높다. 승자독식 방식이므로 나머지 유권자의 의사가 무시되어 민의를 반영하는 데 큰 결함도 있다. 따라서 덴마크, 스웨덴, 독일, 네덜란드, 핀란드, 노르웨이, 오스트리아, 스위스, 벨기에 등이 실행하는 연동형 비례대표제가 적합하다. 2015년 중앙선거관리위원회의 권역별 비례대표제 도입 권고도 비슷한 문제의식이라 할 수 있다.

마지막으로 진정한 의미의 권력 분산은 지방분권, 즉 지방자치 강화에서 찾아야 한다. 한국에서 1995년부터 지방자치제도를 실시했지만 권력형 부패가 줄지 않았기 때문에 권력 분산과 지방자치가 별 상관없다고 생각한다면 오해다. 그동안 한국 지방자치는 사실상 껍데기 성격이 강했다. 기관위임사무 등 법령에 의해 인사, 재정 등 대부분이 제약을 받아서 '2할 자치' 오명에서 벗어나지 못했다. 독일 등 유럽의 지방자치가 그러하듯이 국가가 지방자치단체의 기관에 위임하는 사무를 폐지하고 지방 사무를 지방에 이양해야 한다. 또한 지방정부가 교육·경찰 분야까지 관장함으로써 권력이 중앙정부에 집중되는 것을 막아야 한다.

15 /

공무원은 정치적 중립의 의무가 있다

공무원은 정당의 이해관계를 떠나 오직 국가와 국민을 위해 성실하게 봉사해야 해요. 우리 헌법도 제6조 2항에서 "공무원의 신분과 정치적 중립성은 법률이 정하는 바에 의하여 보장된다"라며 공무원의 정치적 중립 의무를 규정하고 있죠. 헌법에 따라 국가공무원법 제65조에서는 공무원이 "선거에서 특정 정당 또는 특정인을 지지 또는 반대"하기 위하여 투표 권유나 서명, 정당 가입 권유 등 활동을 못 하게 하고 있어요. 공무원의 정치적 중립 의무는 공정성 상실을 막기 위해 반드시 필요해요.

공무원의 정치적 중립은 의무인가?

그간 한국에서 정부는 공무원의 정치적 중립성 관련 헌법 조항을 '의무'로만 해석하고 적용해왔다. 아전인수식 헌법 해석의 대표적인 경우다. 헌법은 정치적 중립성이 "보장된다"고 규정한다. 헌법 조문에서 '보장'은 권리를 정할 때 사용하는 대표적 표현이다. 의무를 정하는 조항들은 직접 '의무'라는 말을 사용하거나 이에 준하는 표현이 뒤따른다. 혹은 이러저러하게 "하여야 한다"라는 식으로 사실상 의무라는 말을 풀어 사용한다.

정치적 중립성과 관련하여 직접 의무에 해당하는 표현을 사용하는 대상도 있다. 헌법 제5조 2항에서는 국군의 사명과 정치적 중립을 다루면서 국군의 "정치적 중립성은 준수된다"라고 한다. 이 경우에

'준수'라는, 의무의 내용을 담은 표현이 직접 사용된 것은 적용 대상이 '국군'이기 때문이다. 해당 조직의 구성원에게는 권리이지만, 조직 자체에는 정치적 강요를 방지하기 위해 중립성 의무가 요구된다. 만약 공무원과 마찬가지로 군인이 적용 대상이라면 당연히 이 조항에서 "보장된다"라는 표현이 사용됐을 것이다.

다음으로 역사적 경험과 논의 차원에서의 검토가 필요하다. 공무원은 현실적으로 그를 임명한 상급자, 각 기관의 기관장, 최종적으로는 대통령이나 수상의 입김에 휘둘릴 수밖에 없는 위치에 있다. 각급 선거는 공식적인 선거관리기구를 매개로 이루어지지만 현실적으로 행정기구와 그에 속한 공무원의 업무에 직결될 수밖에 없다. 당연히 관료기구와 관료의 선거 개입은 항상 주권과 민주주의를 무력화하는 심각한 골칫거리였다.

한국의 정치 역사만 봐도 그러하다. 거슬러 올라가면 가장 유명한 사례로 4·19혁명의 원인을 제공한, 자유당 정권의 관제선거가 있다. 유신헌법 시대에는 아예 '통일주체국민회의'라는 괴물 같은 조직을 만들어, 대통령이 일괄 추천한 사람 중에서 국회의원 재적 중 3분의 1을 선출하고, 사실상 대통령이 스스로 대통령 자리에 오를 수 있도록 만들었다. 5공화국도 상황은 비슷해서 '체육관 선거'라는 말이 유행했다.

관권선거가 끊이지 않은 데는 관료조직과 관료의 태생적 특성이 연결된다. 공무원이 국민 전체에 책임을 지는 봉사자가 아니라 집권자와 집권정당, 나아가서는 사회체제의 특성상 지배계급의 이해를 대변할 가능성이 훨씬 크다는 점이 항상 문제가 된다. 공무원의 중립성은 기본적으로 국가기관이 정부의 각 기구와 공무원에게 특정한 후보나 정당, 혹은 정치적 판단을 강요하는 데 대해 거부할 수 있는 권리를 보장한 것이다. 즉, 공무원의 권리로서, 정치적 판단 강요에 공무원 개인이 응하지 않을 경우 인사에서 불이익을 주지 못하게 한다. 반대로 강요한 자를 처벌함으로써 공무원의 신분을 보호한다. 그래서 헌법은 공무원의 정치적 중립성을 '의무'가 아닌 '보장'이라는 표현으로 규정한다. 중립성이 의무로 강제되는 대상은 공무원 개인이 아니라, 정부와 정부의 집행 책임자다.

그러므로 공무원 개인의 정당 가입이나 일상적 정당활동 및 정치활동을 전반적으로 금지하는 각종 법률은 위헌의 여지가 매우 크다. 유럽 각국은 공무원 개인에게 정당 가입, 정치단체 결성 등에 이르기까지 상당히 폭넓게 정치활동을 허용한다. 정치적 자유는 모든 국민이 누려야 하는 자유와 권리의 본질적 내용이기 때문이다.

교사의 정치활동을 금지해야 하는가?

교육 공무원의 정치적 중립성을 둘러싼 문제도 논란이 되고 있다. 한국은 일반 공무원과 마찬가지로 교원 개인의 정치활동을 제한한다. 2012년 대법원은 교원의 정치적 중립성이 지켜져야 한다면서 다음과 같은 판결을 내렸다. "아직 독자적 세계관이나 정치관이 형성되어 있지 않고 감수성과 모방성, 수용성이 왕성한 미성년자를 교육하는 교원의 활동은 교육현장 외에서 이루어졌어도 직접적이고 중대한 영향을 미치므로, 잠재적 교육과정의 일부임을 인식하고 정치적 중립성이 훼손되지 않도록 유의해야 한다."

이러한 판결은 민주주의의 원리나 현실적 문제에 대한 억지 논리로 가득하다. 먼저 교원이 정치활동을 해서는 안 되는 이유가 학생들이 "아직 독자적 세계관이나 정치관"이 형성되어 있지 않기 때문이라고 한다. 정치활동과 관련하여 민주사회에서는 인식 수준이 제한의 근거가 될 수 없다. 그러면 학력이 낮은 사람들, 혹은 사회 구성원 다수가 문맹인 사회에서는 정치활동이 전체적으로 제한되어야 하는가? 민주주의는 정치활동의 주체든 대상이든 초보적 정치의식과 무관하게 정치활동의 자유를 보장하는 데서 출발한다.

다음으로 대법원의 판결에 따르면 학생들이 "감수성과 모방성, 수용성이 왕성"하기 때문에 교원의 교외 정치활동도 제한된다. 어떤 나라의 법해석에서 '감수성'이 판단 근거가 되는가? 모방이나 수용으로 치자면 한국사회에서 성인들이 더 심하다. 누구나 정치가 상당 부분 지역감정에 의해 좌우된다는 점 정도는 상식적으로 알고 있다.

나아가 대법원은 교원의 정치활동이 학생들에게 "교육현장 외에서 이루어졌어도 직접적이고 중대한 영향"을 주기 때문에 금지되어야 한다고 했지만, 교육현장 외에서 학생의 사고방식 형성에 영향을 미치는 정도로 보면 대중매체가 훨씬 강력하다. 이 논리대로라면 TV나 팟캐스트, SNS 등을 통한 정치토론이나 정치적 의사 표명 일체가 금지되어야 한다.

 교원의 정치활동과 관련해서도 다시 한 번 헌법이 규정한 공무원의 중립성이 기본적으로 정부의 부당한 정치적 간섭을 거부할 권리의 '보장'이라는 점을 분명히 해야 한다. 교원도 국민의 한 사람으로서 헌법이 정한 정치적 기본권과 표현의 자유를 보장받아야 한다. 최소한 수업시간과 교육현장 외부의 활동을 구분하는 접근이 필요하다. 미국, 영국, 프랑스, 독일 등 민주주의가 정착된 나라에서는 수업시간에 정치적 신념을 강요하는 발언과 행위는 제약하지만, 공무원의 정당 가입과 당비 납부 등 교육현장 외적인 정치활동은 폭넓게 허용한다. 한국에서도 이 수준 정도는 수용해야 자유와 권리의 본질적 내용을 제한해서는 안 된다는 헌법 규정을 최소한 준수하는 것이다.

16 /

언론은 공정하게 정치적 중립을 지켜야 한다

언론은 국민의 눈과 귀가 되어 알 권리를 충족시킵니다. 언론이 한쪽 편을 드는 순간 국민은 편향된 시각을 갖게 되죠. 그러므로 언론은 최대한 객관적으로 보도해야 합니다. 특히 대통령이나 국회의원 선거 같은 중대한 사안에 대해 언론이 특정 후보나 정당을 지지하는 것은 용납될 수 없어요. 언론사가 자사의 '색깔'을 유지하기 위해 사실을 왜곡하거나 기사를 윤색하는 등 심각한 부작용이 나타날 수 있거든요.

언론이 중립적일 수 있는가?

한국에서는 언론이 중립을 지켜야 한다는 상식, 어느 한쪽 편을 들지 않고 상반된 몇 가지 견해 사이에서 균형을 지키면서 보도해야 한다는 통념이 강력하다. 하지만 현실은 전혀 다르다. 대부분 어느 신문이 어느 정당을 지지하는지 훤히 안다. TV 뉴스도 사정은 마찬가지다. 어느 뉴스가 어떤 정치적 성향을 띠는지 대체로 구분된다. 특히 지분 소유나 사장 선출 시 영향력을 통해 정부 입김이 강하게 작용하는 방송사의 경우 거의 예외 없이 특정 정당의 충실한 대변인 역할을 한다. 겉으로는 언론의 불편부당함을 강조하지만 실질적으로는 정치적 성향을 노골적으로 드러낸다. 방법은 여러 가지다. 신문 지면이나 방송 분량에 차별을 두는 경우도 많다. 혹은 보도의 양은 균형을 잡더라도 내용에서는 전혀 다르다. 한쪽을 띄우고, 다른 쪽에 의혹을 조장하는 일은 식은 죽 먹기다. 몇몇 표현만 바꿔도 원하는 방향으로 조종이 가능하다.

현실이 그렇기에 중립성이 더 강조되어야 한다는 논리가 제기된다. 하지만 과연 중립적 태도가 가능한지에 대해 진지하게 검토할 필요가 있다. 담당 기자든 편집 책임자든 논쟁적인 사회 이슈에 대해 완전히 편향되지 않은 태도를 견지할 수는 없다. 여러 사건 중 무엇을 선택할지를 가리면서 주관이 개입한다. 인용이나 자료화면 선택에도 주관이 담긴다. 같은 내용도 강조점을 두는 과정에서 보도 주체의 성향이 반영된다.

그렇기 때문에 언론은 사실만 그대로 옮겨서 보도해야 한다고 주장하는 사람이 있을지 모르겠다. 그럴듯한 논리처럼 보이지만 실제로는 억지에 불과하다. 이 논리대로 하면 일체의 사설이나 논평, 토론과 에세이 등을 다루지 말아야 하니 말이다. 또한 언론의 공정성이 기계적 중립의 의미는 아니다. 예를 들어 2016년 겨울에서 2017년 봄까지 전국을 뜨겁게 달군 촛불시위에서 국민의 압도적인 요구는 탄핵이었다. 그러나 지극히 소수지만 한편에서는 여전히 기존 부패집단의 이익을 대변하려는 세력이 있기 마련이다. 만약 공정성이 양쪽 견해를 동일하게 소개하는 것이라면, 이는 현실에 대한 왜곡이라고 할 수 있다.

언론의 정치적 중립은 허상에 가깝다. 만약 언론에 의한 조작과 왜곡이 문제라면, 피해에 대한 법적 처벌로 대응하면 될 일이다. 보수 언론이 현실 유지 경향을 띠는 것, 진보 언론이 개혁적 태도를 지니는 것은 당연하다. 하나의 신문이나 방송에서 모든 세력과 모든 이해를 다 담을 수는 없는 노릇이다. 다양한 언론을 통해 소수 견해를 포함하여 여러 의견이 제기될 수 있도록 하는 것이 자유 언론과 민주주의를 실현하는 것이다.

우리의 상식이나 고정관념과는 다르게 세계 주요 민주주의 국가에서는 언론이 자기 성향을 갖고 보도하는 것, 선거에서 정당이나 후보를 공개 지지하는 것이 제재 대상이 되지 않는다. 프랑스를 비롯하여 대부분의 유럽 국가, 그리고 미국에서 언론은 중립을 표방하지 않는다. 언론에 의한 조작이나 왜곡은 비판과 처벌의 대상이 된다는 점에서 도덕성과 진실성을 요구하는 건 우리와 같다. 하지만 자기 정치적 성향을 표현하지 못하도록 틀어막지는 않는다.

자기 성향을 가질 때 언론이 더욱 발전한다

기사의 방향을 결정하는 편집권은 언론사의 고유 권한이다. 편집권 간섭은 정부가 언론을 통제하는 독재사회의 징표다. 역사적 맥락으로 볼 때 언론의 중립성은 권위주의 정권에서 정부에 대한 비판을 억압하려고 마련한 도구의 성격이 강하다. 자기 성향을 갖고 보도하지 못할 때 언론과 사회 발전이 가로막힌다. 언론의 다양성이 사라진 사회는 그 자체로 문제다.

언론의 다양성에 반대하는 사람들은 이런 논리를 펴기도 한다. 한국에서는 소수 보수 언론이 압도적 시장 점유율을 기록하기 때문에 정당과 후보의 공개 지지가 허용된다면 특정 보수 정당에 유리할 것이라는 논리다. 오히려 언론의 중립성이 국민을 혼란에 빠뜨리고 있어서 문제다. 대다수 언론이 노골적으로 자기 성향 보도를 하고 있는 상황에서 중립성을 표방하는 것은 구독자나 시청자를 속이는 짓이다. 보도 내용이 공정하다는 착각을 불러일으키기 때문이다. 언론이 공개 지지를 할 경우 구독자나 시청자는 '아, 그래서 저렇게 보도하는구나'라며 그러한 내용으로 뉴스나 논평이 제공되는 이유를 알 수 있게 되어 균형적 생각을 가질 수 있다.

중립성은 몇몇 보수 언론의 기득권 유지 수단이기도 하다. 실제로는 특정 정치세력을 지지하면서 형식적으로는 중립을 표방하는 것이 넓은 구독층 형성에 유리하기 때문이다. 공개 지지를 하면 다른 경향의 구독자층이 빠져나가면서 자연스럽게 시장 독점 상태도 해소된다. 시장을 지배하는 기존 언론이 공개 지지 허용을 가장 반대하는 이유도 여기에 있다. 언론사마다 자기 지향을 밝히고 그에 입각해 보도하는 것이 건강한 언론시장을 만든다. 무지개처럼 다양한 언론이 논쟁하고 국가 의제를 만들 때 진정한 사회적 역할이 실현된다.

한국 국민의 의식 수준과 기자의 질이 낮기 때문에 유럽이나 미국처럼 자유로운 자기 성향 표현이 시기상조라고 생각한다면 심각한 편견이다. 우리 국민의 정치의식 수준과 일선 기자들의 선의와 노력을 너무 깔보는 태도다. 광화문 광장을 매번 100만 명 내외의 시위대가 채우고 정권 퇴진 요구를 하면서도 체포자나 시설 파괴가 없을 정도로 자제력과 슬기로움을 가진 국민이다. 또한 몇몇 신문이나 TV, 팟 캐스트 등의 인터넷 방송을 통해 국민의 목소리를 왜곡 없이 전달하려는 기자들의 노력도 여러 차례 확인되었다.

물론 정당이나 후보에 대한 공개 지지 여부는 각 언론사에서 자율적으로 판단할 문제다. 다만 이에 앞서 제도적 보완 장치가 필요하다. 먼저 외부적 압력, 특히 정권이나 사주의 압력이 배제되어야 한다. 이를 위해 가장 중요한 법적·제도적 장치가 편집권 독립이다. 편집 책임자의 사주 임명이 아니라 기자들에 의한 직접 선출이 보장되어야 한다. 일상적으로는 기자와 편집 책임자의 자율적 판단 아래 의견이 제시되고, 사주가 간섭할 수 없도록 해야 한다. 특히 가장 예민한 선거 시기에 정당이나 후보를 지지할 경우 기자들의 토론과 투표를 통한 결정이 보장되어야 한다.

17

정치인은
다 똑같다

흔히 '정치인은 다 똑같다'고 합니다. 정치인은 그놈이 그놈이라고 할 만큼 다 썩었거나, 공허한 말로 국민을 속인다는 뜻이죠. 선거 때는 굽실거리며 깨끗한 정치를 약속하고, 간혹 참신한 이미지의 신인 정치인이 나오기도 해요. 하지만 몇 년 지나면 부패 냄새를 풍기죠. 제대로 지키지 못할 지역개발 공약으로 유권자를 현혹하는 데 골몰하기도 하고요. 결국 우리 정치에는 가망이 없다는 생각에 정치 혐오감이 생기고 투표장에 갈 마음도 사라지죠.

똑같은 정치인을 양산하는 제도가 문제다

해방 후 지금까지 한국의 수많은 정치인이 사법처리 대상이 되었다. 일단 대통령부터 불행의 연속이었다. 부패 스캔들 없이 국민의 존경을 받으며 살아가는 대통령은 거의 없었다. 그나마 국회의원은 워낙 많아서 간혹 깨끗하다는 평을 듣는 정치인도 있었지만 대중의 눈에는 대체로 그 밥에 그 나물 느낌이었다.

국회의원은 특권을 지키는 데서 한 발짝도 물러서지 않는다. 금배지를 다는 순간 무려 200여 개의 특권을 얻는다. 여러 명목의 비용, 사무실과 보좌진 제공이야 의정활동에 필요한 면을 부정할 수 없으니 그렇다고 칠 수 있다. 하지만 KTX 및 국유철도와 선박, 항공기 무료 사용, 매월 120만 원의 연금 등 특권 이외의 다른 이름을 붙이기 어려운 것도 많다. 정치적으로 격렬하게 싸우다가도 자신들의 특권을 보호하기 위해서는 전격적 동의가 이루어진다.

이들은 사회 전반의 부패는 물론이고 국회의원의 부패를 감시할 것으로 기대됐던 '김영란법(부정청탁 및 금품 등 수수의 금지에 관한 법률)'에서도 자신들의 특권을 제한할 수 있는 부분을 제거했다. 처음에 국민은 국회의원의 이권 개입과 공직자들의 수탈 행위를 방지할 수 있을 거라는 기대감을 가졌다. 하지만 여야 국회의원들이 집단이기주의를 유감없이 발휘해 선출직 제외라는 탈출구를 만들어 도망쳤다는 비판이 곳곳에서 제기된다. 문제가 되는 것은 김영란법 5조에서 선출직 공직자가 '공익적인 목적으로 제3자의 고충민원을 전달'하는 경우 부정청탁에서 제외한다는 조항이다. 국회사무처는 공익적인 목적의 민원 전달로 한정하기 때문에 괜찮다는 논리를 편다. 하지만 공익적 목적인지, 아니면 개인적 이익인지는 당사자의 발언에 의해 주관적·자의적으로 해석될 여지가 넓기 때문에 선출직 공직자인 국회의원이 빠져나갈 구멍이 넓다는 비판인 것이다.

지역 주민과 호흡해야 하는 지방의원조차 부패의 늪에서 허우적거리는 일이 많다. 2016년에 국민권익위원회가 국민 1만9584명을 대상으로 46개 지방의회에 대한 '2016년 청렴도'를 측정한 결과, 지방의회 평균 종합청렴도는 10점 만점에 고작 6.01점이었다. 특정인에게 혜택을 주기 위한 부당한 개입·압력, 사적 이익을 위한 행정정보 요청, 물품 납품 등 계약업체 선정 관여 등이 주요 문제로 지적된다. 건설업체·이익단체의 19.39%는 지방의회가 계약업체 선정에 관여한

적이 있거나 관여한 것으로 알고 있다고 응답했을 정도다.

'정치인은 다 똑같다'는 생각은 정치 혐오로 이어져 투표율 저하 현상으로 나타나고 있다. 투표율 저하는 정치에 대한 국민의 실망을 반영한다. 선거를 통해 주권을 행사하고 있다고 별로 느끼지 못하기에 발길을 돌리는 것이다. 정치인이 국민의 삶 개선보다 정당의 이해와 자기 이익에 충실한 모습만을 보여줬기 때문이다. 그러니 정치에 관심 있는 사람들도 점차 선거에 참여하는 의미를 잃는다.

하지만 이런 현상을 정치인 개인의 탓으로 돌릴 수는 없다. 한국 정치와 정치인의 후진성은 오랜 기간 군사정권과 권위주의 통치 아래에서 만들어진 부패 사슬의 연장선 측면이 강하다. 정치인 통제에 편리하도록 일정하게 부패 구조를 용인한 관행도 적지 않게 작용한다. 정치인과 공직자 부패를 걸러낼 제도적 감시와 단속 장치의 부실함이 오래 유지된 것도 큰 문제다.

뉴질랜드의 중대사기수사국, 호주의 범죄위원회, 홍콩의 반부패독립조사위원회 등 다수의 국가가 공직자 부패와 관련해 독립적 수사기구를 운영한다. 뉴질랜드 중대사기수사국은 1990년 금융범죄 수사를 위해 설립됐지만 정치인과 공직자 범죄까지 관장하면서 국가 투명성을 크게 끌어올렸다. 아시아 국가 중 국가청렴도지수에서 한국을 앞서는 싱가포르나 일본에도 비슷한 제도가 있다. 싱가포르는 1952년 독립기구로 설립된 부패조사청이 정치인과 공직자 비위를 강력히 단속하는 기관으로서 부패 척결의 첨병 역할을 한다.

우리나라의 경우 사실상 선출직·임명직 공직자를 타깃으로 하는 반부패 수사기구가 없고, 앞서 보았듯이 그나마 '김영란법'에서도 빠져나갈 구멍을 마련해둔 상태다. 정치와 사회 기득권 세력이 연결될 가능성이 항상 높기에 정치인의 부패 방지는 강력한 제도적 장치가 전제될 때 해결 가능성이 마련된다.

그래도 정치와 정치인이 희망이다

누가 당선돼도 정치인인 이상 똑같을 수밖에 없다는 생각은 정확하지도, 바람직하지도 않다. 최근 미국의 사례만 봐도 어떤 정치인이 권력을 갖는가에 따라 국민의 삶이 크게 달라진다는 것을 알 수 있다. 미국의 오바마 대통령은 재임 중에 강력한 의지를 갖고 '오바마 케어'로 불리는 건강보험 개혁법안을 시행했다. 그 결과 건강보험 사각지대에 사는 사람이 1700만 명 줄었다. 공화당 대통령 후보는 건강보험 개혁 때문에 경제가 파탄난다고 공격했다. 하지만 오바마는 재임 기간 동안 빈부격차를 줄이고 복지를 늘려도 경제가 견실할 수 있음을 보여주었다.

오바마는 재분배 정책을 통해 미국의 고질적 병폐였던 양극화도 완화시켰다. 누진세가 모두의 부담을 늘린다는 선동도 사실이 아님을 입증했다. 국세청의 통계를 보면 99% 미국인의 세금 부담은 거의 변하지 않았지만, 소득 상위 1%에 부과된 세율은 4% 증가했다. 소득 상위 0.01%의 경우 세금 상승 폭은 6.5%였다. 1년에 700억 달러의 세금이 늘었고, 이 액수는 오바마 케어에 들어가는 추가 비용과 연방 정부가 저소득층에 제공하는 식료품 할인 구매권 비용을 모두 합친 것과 맞먹는다.

하지만 2016년 미국 대선에서 공화당의 트럼프는 오바마가 이룩한 모든 것을 되돌리겠노라고 공언했다. 당선 이후 가장 먼저 '오바마케어' 폐지를 선언했다. 이것이 현실화되면 다시 수천만 명에 이르는 저소득층이 아파도 병원에 갈 수 없는 처지로 전락하게 된다. 정치인은 다 똑같은 것이 아니다. 누가 되느냐에 따라 현격한 차이를 보이고 국민 삶의 질에 직접 영향을 준다.

정치와 정치인이 절망을 주지만 반대로 희망도 준다. 가장 나쁜 정치를 만드는 지름길이 있다면 바로 정치 혐오와 정치 무관심이다. 그 사이에서 국민 이해를 배반하며 사적 이익을 챙기는 정치인이 득세하고 부패 정치가 독버섯처럼 자라난다. 나아가서 한국사회의 빈부격차를 비롯한 갖가지 문제를 해결할 길이 멀어진다. 정치 영역이 대부분의 사회문제 해결의 열쇠를 쥐고 있기 때문이다. 심지어 언뜻 보기에 정치와 무관해 보이는 경제 영역조차 어떤 정치세력이 힘을 갖느냐에 따라 전혀 다른 방향으로 나아간다.

그래서 정치인은 다 똑같다는 편견은 위험한 것이다. 한국사회가 달라지려면 '다른 정치인'을 국민이 만들어야 한다. 이를 위해서는 2016년 말과 2017년 초를 달군 광장의 정치처럼 국민이 직접 정치적 쟁점에 참여하는 적극적 행동과 발언이 중요하다. 우리 스스로 좋은 유권자가 되는 일도 그만큼 중요하다. 제도적인 정치 공간이 광장만큼 중요하고, 여기에도 정의의 숨결을 불어넣어야 한다.

18 /

영호남의
지역감정이
모두 문제다

'우리가 남이가?'로 상징되는 영호남 지역감정은 한국사회의 고질병 중 하나죠. 지역감정은 대통령 선거든 국회의원 선거든 지난 수십 년 동안 투표 성향을 결정하는 핵심 요소였어요. 선거철마다 후보들은 자신이 그 지역을 대표하는 적자임을 내세우고 지역감정 과시에 급급해요. 지역감정은 선거 시기만의 문제가 아니라 일상의 감정을 지배해요. 대신 양상은 달라요. 선거 시기에는 자기 지역의 우월성을, 평상시에는 상대 지역의 열등함을 강조하죠. 영남이든 호남이든 똑같아요. 서로가 서로를 미워하고 차별합니다.

지역감정이 다 같지는 않다

영남이든 호남이든 지역감정이긴 하지만 동일한 성격은 아니다. 가해자의 지역감정과 피해자의 지역감정이 동일할 수는 없다. 영남의 지역감정은 부당한 권력의 유지 수단으로 만들어졌다. 쿠데타로 권력을 빼앗은 군사정권은 정당성 부재와 취약한 집권 기반을 보완할 방법을 지역감정 조장에서 찾았다. 이른바 영남 패권주의의 시작이다.

지역감정은 1961년에 일어난 5·16 군사쿠데타에서 본격 출발한다. 1979년 전두환이 일으킨 쿠데타는 박정희가 일으킨 쿠데타의 복제판으로서 지역감정의 확대재생산 역할을 수행한다. 군사쿠데타는 그 자체로 불법 행위다. 민주주의 사회에서 최소한의 정당성도 인정

될 수 없는 행위다. 당장은 무력으로 권력을 찬탈하고 공포를 강제해 일정 기간 버틸 수 있지만 장기적 정권 유지에는 한계가 있다. 이를 돌파하기 위한 술수가 지역감정 조장이다. 군사정부는 호남에 대한 지역차별 감정을 정권의 심리적 지지 기반으로 삼았다. 호남 차별은 그러한 의미에서 가해자의 공격적 감정이다.

호남 차별에 기초한 영남 패권주의는 그간 권력이 어디에 있었는 지를 살펴보면 극명하게 드러난다. 정계·재계의 핵심 지위를 영남 출신이 독점한다. 박정희 군사쿠데타 이후 현재까지 50년이 넘는 기간 동안 1명을 제외하고 7명의 대통령이 모두 영남 출신이다. 또한 영남에 기반을 둔 당이 제1당의 위치를 거의 놓치지 않는다. 관료집단도 영남 출신이 지도적 지위를 독점한다. 검찰총장, 경찰청장, 국세청장 등 5대 권력기관장은 거의 예외 없이 영남 출신이다. 중앙정부 요직도 영남 출신의 단골 자리다. 부분적으로 호남이나 충청 출신 관료도 끼어 있지만 핵심 지위에서 벗어나 변방에서 어른거리며 기를 펴지 못한다. 간혹 영남 패권주의를 유지하는 데 도움을 주는 정도 내에서 중요 자리가 한시적으로 허용되는 정도다.

호남의 지역감정은 반세기 동안 강제된 차별에 대항하는 차원에서 형성된, 피해자로서의 방어적 감정이다. 호남 주민은 대대로 선거에서 영남 패권주의에 저항하는 정당에 표를 몰아주는 투표 성향을 보여왔다. 피해자의 감정이라고 해서 호남의 지역감정을 바람직하다고 여겨서는 안 된다. 특히 호남의 정치 성향을 민주주의나 진보적 성격에서 찾는 경우가 많은데, 이는 핵심을 벗어난 관점이다. 최근 민주주의나 진보라는 측면에서 오히려 후퇴적인 야당 내 일부 세력이 '호남정치 부활'을 내걸고 분당했을 때 이에 적극 호응하여 호남 의석 싹쓸이를 허용한 것은 이를 잘 보여준다. 지역감정의 퇴행성은 호남에서도 나타난다. 결국 상황이 달라지면 피해자의 지역감정도 가해자의 지역감정만큼이나 사회적으로 큰 해악이 된다.

지역감정에는 정치적·경제적 조치가 필요하다

지역감정의 뿌리가 정치적인 권력 독점에만 있다면 문제 해결이 한결 쉬웠을지 모른다. 정치적 독점은 경제적 독점으로 이어지기 마련이다. 군사정권이 지역감정에 기초하여 정치권력을 유지하던 시기와 개발독재를 통해 경제권력을 형성하던 시기가 맞물린다. 동일한 논리가 정치와 경제 영역 모두에서 관철된다. 영남 출신이 정치권력을 독점하듯 기업을 비롯한 경제 분야를 장악한다.

현상적으로만 보면 지역감정과 경제적 편중은 별로 상관없는 것처럼 느껴진다. 1989년부터 2014년까지 25년간 전국 평균 '지역내총생산' 증가율을 보면 3.67배다. 같은 기간에 대구는 2.49배, 부산은 2.53배, 경북은 3.63배, 경남은 2.83배다. 이에 비해 광주는 3.33배, 대전은 2.96배, 전남은 2.79배, 전북은 2.83배다. 수치로 보면 호남이 영남에 비해 성장률이 낮다고 볼 수 없다. 대구, 부산, 광주, 대전 등 4개 대표 도시를 비교하면 오히려 영남 패권의 심장 대구의 성장률이 꼴찌고 호남의 광주가 1위다. 전국적으로 높은 성장률을 보인 지역은 경기 5.59배, 인천 3.42배, 충북 4.09배, 충남 6.22배 등이다. 경제성장의 열매는 영남도 호남도 아닌 수도권에서 가져가고 있다. 경기도와 수도권에 가까운 인천과 충남이 매우 높은 증가세를 보이니 말이다. 통계적으로 유의미한 차별이 있다면, 그것은 영호남 사이보다는 차라리 서울과 지방, 도시와 농촌 사이에서 보인다. 호남이나 충청이 특별히 경제적으로 차별을 받고 있다는 근거가 부족해 보인다.

하지만 이를 근거로 경제적 차별이 없다고 단정한다면 섣부르다. 경제개발 과정 전체를 봐야 한다. 이 기간에 안정적 일자리를 대규모로 창출하는 주요 공업단지가 어디에 만들어져 있는지를 살펴보면 더욱 분명하다. 울산·포항·마산·창원 등 영남 지역과 수도권에 집중된다. 또한 어느 정도 규모를 갖추면 성장률 자체는 낮아지는 경향을 보이기 마련이다.

위의 통계는 1989년부터가 조사 시점이므로 전반적으로 일정 정도의 경제 규모가 만들어진 시기의 자료다. 그 이전 박정희 집권 시기 경상도 주민의 소득 변화를 보면, 1960년 경상도 주민소득은 전국 평균의 88.5%에 불과했으나 20년이 지난 1980년에는 전국 평균보다 36%나 높아졌을 정도로 비약적인 증가세를 보였다.

또한 한국경제를 좌우하고 있는 대부분의 대기업들의 본사는 서울과 수도권에 있다. 서울과 수도권을 경제적으로 장악하고 있는 것이 영남 세력이라는 점을 부정할 사람은 거의 없다. 무엇보다도 재벌을 비롯하여 대기업의 뿌리가 인적인 측면에서 볼 때 어느 지역 출신에 뿌리를 두고 있는가를 봐야 한다. 결국 지역패권은 정치적인 현상에 머무는 것이 아니라 경제적 토대까지 뿌리를 내리고 있다.

지역감정은 불순한 동기를 가진 세력이 정치권력을 쟁취하고, 사회적으로 세력화하고, 경제적으로 이익을 챙기고 유지하기 위한 구조이자 시스템이다. 그리고 이른바 '정권교체'와 같은 부분적·현상적 변화만으로는 해결을 기대하기 어렵다. 더 근본적이고 전면적인 사회적 혁신이 동반되어야만 해결이 가능한 구조적인 문제다.

19

국회의원이 너무 많으니 줄여야 한다

우리나라 국민들의 정치에 대한 불신이 상당합니다. 획기적인 정치개혁이 나오지 않는 한 한국정치는 바꾸기 힘들어요. 정치 불신의 중심에는 국회의원들이 있습니다. 특권이라는 특권은 모두 누리고, 자신들의 이익 때문에 국회에서 싸우는 모습을 보이기도 합니다. 선거운동 할 때 국민들을 위해 일하겠다는 약속은 당선된 뒤 바로 잊어버리죠. 우리나라 국회의원은 인구비례로 볼 때, 미국 하원이나 일본 중의원보다 많아요. 국회의원을 100명 줄이면 임기 4년간 2000억~4000억을 아낄 수도 있어요. 정치개혁은 국회의원 축소에서부터 시작해야 합니다.

한국은 정말 국회의원이 많은가?

대한민국 헌법에 따르면 국회의원 수는 법률로 정하되, 200인 이상이어야 한다. 2012년 국회의원 의석수를 299석에서 300석으로 늘리는 공직선거법 개정안이 통과되어 지역구 246석, 비례대표 54석, 총 300석으로 증원됐다. 이후 2016년 여야가 총 의석수 300석을 유지하되 지역구 253석, 비례대표 47석으로 변경하는 데 합의했다.

다른 나라에 비해 한국의 의원 수가 많은지 살펴볼 필요가 있다. 먼저 일본과 미국에 비해 많다는 것은 사실일까? 보통은 인구비례 비교를 위해 의원 1인당 인구수로 계산한다. 일본과 미국은 상원과 하원으로 이루어진 양원제 국가인 데다 상원도 국민이 직접 선출하기 때문에 하원만으로 한국 의원 수와 비교하는 것 자체가 적절치 않다. 의원 1인당 인구수가 일본은 17만6000명으로 16만 명인 한국과 비슷하다. 게다가 인구수가 1억 명을 넘어가면 의석 대비 인구수가 많아지는 경향이 있기에 일본·미국을 보편적 사례로 보기 어렵다.

합리적 판단을 위해 인구와 경제 규모, OECD 가입 등 한국과 정치·경제적으로 비교될 만한 나라를 중심으로 다양한 나라를 봐야 한다. 양원제든 아니든 명예직 또는 종신직이거나 간접 선출, 임명하는 의원직은 제외하고 국민이 직접 선출하는 의원 수만을 대상으로 비교하면 다음과 같다. 앞에서 언급한 미국은 양원 535명, 일본은 양원 722명이다. 독일 하원은 598명, 프랑스 하원은 577명, 영국 하원은 650명으로 한국보다 많다. 이탈리아는 양원 945명, 호주는 양원 226명, 캐나다 하원은 308명, 스웨덴 349명, 덴마크 179명이다.

의원 1인당 인구수로 보면 한국이 1인당 16만6000명으로 독일 13만6000명, 프랑스 11만3000명, 영국 9만6000명, 이탈리아 6만4000명 등에 비해 꽤 많은 편이다. 인구가 3억2000만 명에 달하는 미국은 의원 1인당 인구수가 우리보다 월등히 많은데, 지극히 예외적인 경우다. OECD 평균을 보면 의원 1인당 인구수가 9만6000명이다. 한국의 의원 정수는 오히려 적은 편이어서 10~20% 늘릴 여지가 있다는 것이 대부분 연구기관의 견해다.

사실 부끄러운 것은 한국의 전체 국회의원 수에서 여성 의원이 차지하는 비율이다. 복지국가로 유명한 스웨덴·덴마크·핀란드·노르웨이·네덜란드 등이 가장 많은 편에 속하는데 35~45% 정도다. 그리고 중간 정도의 분포를 보이는 나라로 독일·스페인·벨기에·스위스·뉴질랜드 등의 서구권 국가와 코스타리카·아르헨티나·모잠비크·남아프리카공화국·베트남 등 비서구 국가가 포함되는데 25~35% 정도다. 중국·파키스탄·영국·미국·필리핀 등은 10~20% 정도여서 하위권에 속한다. 한국은 고작 5.9%로 최하위다. 이러한 자료는 여성의 권리가 정치적으로 보장되지 못하는 부끄러운 현실을 극명하게 보여준다.

한국 국회의원의 연봉은 많은가?

국회의원 수와 함께 논란이 되는 부분이 세비 문제다. 결론부터 말하자면 한국 국회의원 세비는 비교 가능한 다른 나라보다 대체로 높은 편이다. 경제 수준을 고려한 연봉이나 일정 기간 내의 인상률 등에서 모두 높게 나타난다.

먼저 연봉 비교다. 다음은 IMF가 경제선진국으로 분류한 35개국 가운데 규모가 작은 나라와 동유럽 국가를 제외한 20개국의 2012년 비교 결과다. 실질적 비교를 위해 구매력 기준 단위를 사용한다. 국제통화기금이 발표하는 PPP 환율을 기준으로 미국 달러로 변환한 수치다. 연봉은 기본급에 급료 성격의 수당을 포함시켜 실제 받는 금액이 드러나도록 한다. 그 결과 한국은 17만 달러로 일본, 미국, 이탈리아와 함께 최고 수준이다. 북유럽 국가 의원들은 7~8만 달러이고, 스페인 의원은 5만2000달러로 최저 수준이다.

국회의원 세비 인상률로 봐도 가장 높은 편이다. 1992년부터 2012년 사이의 7개 주요국 의원보수 변동 자료를 보면 한국은 2.92배다. 독일은 1.5배, 미국은 1.34배, 캐나다는 2.44배, 영국은 2.12배, 스웨덴은 2.57배, 덴마크는 1.8배 증가한 것으로 나타난다. 한국이 국가별 화폐 기준으로 했을 때, 최고 수준의 증가를 기록했다. 구매력 기준으로 비교해봐도 비슷한 결과가 나온다.

또한 기본급이나 수당은 아니지만 보좌관 지원을 통해 간접적으로 지원되는 비용을 고려하더라도 한국 국회의원이 비교적 많은 금전적 지원을 받는다. 한국 국회의원 보좌관은 7명이고 여기에 2명의 인턴을 추가로 보장받는다. 보통은 보좌관 7명을 정무, 정책, 홍보, 지역사무실, 행정, 수행비서, 운전기사 등으로 채운다.

한국보다 국회의원 보좌관이 많은 국가는 전 세계에서 미국밖에 없다. 일본은 기존에 2명에서 정책 담당 비서가 몇 년 전에 추가되어 3명이다. 유럽 국가는 대부분 보좌관이 없고 필요에 따라 공동으로 사용하는 타이피스트 정도가 지원된다. 독일, 프랑스, 스웨덴, 영국 등은 운전기사는커녕 기름 값도 지원하지 않는다.

높은 보수 자체가 문제가 되지는 않는다. 행정부 견제, 효율적 예산 감시, 정책 대안 제시 등 국회의원의 임무를 성과 있게 조직한다면 누구도 비난하지 않을 것이다. 하지만 국민 시각에서 보기에 보수에 비해 제대로 역할을 못 한다는 지적이 많은 게 사실이다. 그만큼 역할을 충실히 수행하도록 감시하고 압박하는 국민의 힘이 필요한 대목이다.

세비와 관련해서는 삭감까지는 아니어도 최소한 불투명한 인상은 제어할 필요가 있다. 그동안의 방식처럼 국회의원 세비를 본인들이 직접 결정하는 것은 문제다. 외부의 독립적 기구에 위임하는 것이 바람직하다. 각종 수당을 통한 편의적 인상도 문제다. 법률에 의해서만 지급하고 인상 요인이 있다면 법률 개정을 통해 조정하도록 제도화할 필요가 있다.

20 /

경쟁이 있어야 교육 효과가 있다

한국 교육을 대표하는 구호 하나를 꼽으라면 단연 경쟁이죠. 창의성이나 인격 등은 그냥 듣기 좋으라고 던져놓은 말이에요. 어떤 수식어로 꾸미더라도 교육 현장의 실질적인 목표는 항상 경쟁력 있는 인재를 길러내는 데 맞춰지니까요. 한국은 다른 나라보다 자연 자원이나 인구가 취약해요. 이를 돌파할 수 있는 거의 유일한 길이 우수한 인적 자원의 육성이죠. 세계화와 무한 경쟁으로 대표되는 시대에 생존하고 앞서나가려면 어려서부터 스스로를 경쟁력으로 무장시켜야 해요.

경쟁과 성취도가 일치하는 것은 아니다

한국은 어려서부터 긴 학습시간을 요구한다. 한국청소년정책연구원의 '청소년의 생활시간 조사' 결과를 보면 한국 아이들의 학습시간이 길고 특히 사교육시간은 압도적이다. 한국 학생의 하루 평균 학습시간은 7시간 50분으로 OECD 평균 5시간의 1.5배다. 그중 하루 평균 사교육시간은 78분으로, 6분에 불과한 핀란드와 벨기에의 13배에 달한다. 서구 국가들이 대체로 10~20분이고, 사교육이 발달한 일본도 24분이어서 한국보다는 훨씬 짧다.

한국 학생은 성적 중심의 대학 입시를 향해 질주한다. 12년 동안 초·중·고등학교를 다니면서 모든 시계는 대학 입시에 맞춰진다. '자율'이라는 탈을 쓴 야간 강제학습도, 기록적인 사교육시간도 경쟁력 있는 인재를 선발한다는 입시 때문에 생겨난 한국 고유의 사회현상이다. 그 결과 약 70%라는, 세계 최고수준의 대학 진학률을 보인다. 통계청 '2016년 한국의 사회지표'에 따르면 2016년 고교 졸업자 60만 7598명 가운데 69.8%(42만 3997명)가 대학에 진학했다.

문제는 전 세계를 통틀어 가장 긴 시간을 학습에 쏟고 어린 시절부터 경쟁력을 인생의 유일한 가치로 삼고 있는데도 그만큼의 성취도를 보이지 못한다는 점이다. 핀란드에 비해 2배 이상을 공부하지만 학습성취도는 떨어진다. 'OECD 학업성취도 국제비교연구보고서'에 따르면 핀란드가 종합 1위다. 우리나라 학생들은 읽기, 수학 영역에서 최상위권이지만, 자기주도 학습능력에서는 최하위권을 기록했다. 또한 OECD 30개국을 대상으로 조사한 학습효율화지수에서도 핀란드는 1위인 반면 한국은 24위에 그쳤다.

교육에서 경쟁과 성취도 관계를 논할 때 흔히 '스위스 패러독스'를 언급한다. 세계에서 국민이 가장 잘사는 나라인 스위스의 경우 대학 진학률은 30%가 채 안 돼서 OECD 내에서 가장 낮은 편에 속한다. 다른 나라의 절반 이하다. 패러독스는 스위스가 한국, 미국, 핀란드, 아르헨티나 등에 비해 대학 가는 사람이 절반 이하인데도 세계에서 가장 강한 경쟁력을 유지하는 데서 나온 말이다. 대만과 필리핀의 비교도 흥미롭다. 본격적인 경제개발을 시작하기 직전인 1960년에 대만의 문맹률은 46%나 되었고, 필리핀은 28%에 지나지 않았다. 하지만 정작 기록적인 성장을 보인 쪽은 대만이다. 경쟁 중심 교육이 생산성 효과에 직접 연결되지 않을 수 있음을 보여주는 사례다.

특히 현대사회에서는 자기주도 학습능력, 창의적 능력 등이 중시된다. 한국의 문제는 세계에서 제일 치열한 경쟁 중심 교육을 하면서도 정작 가장 중요한 능력에서 뒤처지는 결과가 나오는 데 있다. 도정일이 《시장전체주의와 문명의 야만》에서 지적한 다음 내용은 경청할 만하다. "한국 유학생을 가르쳐본 외국 대학 교수들이 거의 이구동성으로 하는 말이 있다. 한국 학생은 질문이 없고 토론할 줄 모른다. 한국 학생은 자기 생각이 없고 낯선 과제를 만나면 어찌할 줄을 모른다." 그만큼 문제의 본질을 스스로 찾아내고 창의적으로 해답을 찾는 능력이 취약하다. 냉혹한 입시 경쟁 교육이 오히려 미래의 변화 가능성에 대응할 능력을 갉아먹는다는 것이다.

핀란드 교육에서 배운다

한국의 경쟁 중심 교육과 대조되면서도 성취도는 세계 최고인 핀란드가 대안적 모델로 자주 거론된다. 핀란드는 OECD가 실시하는 국제학업성취도평가(PISA)에서 여러 차례 1위를 차지했다. 다른 회원국들과 비교할 때 거의 1년 정도 앞선 것으로 평가된다. 세계에서 가장 권위 있는 국제학력평가로 인정받는 PISA는 만 15세 청소년의 읽기, 수학, 과학 등 세 분야에 대한 성취 수준을 평가했다.

이 평가는 종합적인 학업성취도 측정을 위해 다양한 측정 방식을 사용한다. 지식을 묻는 문제도 있고, 지식과 경험을 활용해 문제를 해결하는 능력도 측정한다. 또한 자신의 생각을 문장으로 표현하는 능력도 측정한다. 세 영역 모두에서 핀란드와 한국만이 상위 5위 안에 드는 성적을 보인다. 핀란드는 다양한 분야에서 줄곧 최고의 수준을 유지한다. 그래서 많은 나라가 교육 개혁 모델로 핀란드를 꼽는다.

우리 상식으로 이 정도의 성적을 거두려면 초등학교 때부터 숨 돌릴 시간도 없이 일주일에 학원만 서너 군데 보내고, 각 과목별로 선행 학습에 몰두해야 한다. 실제로 한국 학생이 핀란드 학생에 비해 일주일에 무려 22시간 이상을 더 공부한다. 초등학생도 장난이 아니다. 통계청의 조사에 따르면 한국 초등학생의 평일 공부시간은 7시간이 훌쩍 넘는다. 대부분이 다른 학생과의 성적 경쟁에 대비하는 공부다.

하지만 핀란드는 철저하게 경쟁 중심인 한국 교육과 상반된 교육관을 견지한다. 유아 교육부터 다르다. 한국의 부모는 아이가 3세만 되면 한글을 가르친다. 당연히 초등학교 들어가기 전에 기본적인 읽기와 쓰기 능력을 갖추고 수학의 기본적인 내용도 숙지한다. 반면에 핀란드에서는 초등학교 입학 전 읽기 능력을 갖춘 아이가 별로 없을 정도로 지식 교육과 거리를 둔다. 초등학교에 들어가서야 읽기와 쓰기를 배운다. 유치원과 초등학교에서도 지식 교육을 경계한다. 유치원은 전적으로 놀이 중심의 교육 방식이다. 초등학교도 놀이와 예술, 체육 등 감성적이고 활동적인 프로그램을 중심으로 운영한다. 우리의 중학교에 해당하는 16세까지는 등수를 매기는 점수 측정과 비교를 하지 않는다. 줄 세우기 경쟁에서 전적으로 자유롭다. 토론과 놀이를 비롯하여 집단적 과제를 해결하는 프로그램으로 경쟁보다는 협력과 연대를 습득하는 데 치중한다.

한국 교육이 진정 미래 사회에 대비하려면 창의력과 문제 해결 능력을 고양하는 방향으로 가야 한다. 하지만 한국 교육은 북유럽과 서유럽 국가에 비해 이 분야에서 상대적으로 낮은 평가를 받는다. 지식 암기가 아니라, 다른 학생과 함께 논의하고 지식을 이용해 새로운 지식을 만들고, 문제 해결을 비롯하여 결론을 찾아나가는 역동성을 강화하기 위해서는 핀란드 교육에 대한 적극적 검토와 수용이 필요하다.

21

아이는 부모가
키워야
정상적으로
성장한다

아이가 정상적으로 성장하려면 부모가 직접 키워야 해요. 아이가 혼자 활동할 수 있을 때까지 부모 중 한 사람, 현실적으로 엄마가 양육에 힘을 쏟는 게 바람직하죠. 부모가 아이를 놀이방이나 어린이집, 초등학교에 맡기고 직장에 다니면 인터넷, 폭력 영화, 게임 등에 무분별하게 노출되면서 폭력성이 증가합니다. 아이는 부모와 의논할 수 없어서 혼자 고민하다가 잘못된 길로 들어서기 십상이죠. 아이에게 건강한 인성을 갖게 하려면 부모가 항상 옆에 있어야 해요.

부모의 욕심이 아이의 성장을 왜곡할 수 있다

부모가 아이에게 주는 정서적 안정감을 부인할 사람은 아마 없을 것이다. 하지만 현실에서는 부모의 관심과 사랑이 집착으로 나타나는 경우도 무시할 수 없을 정도로 많다. 오히려 사랑이라는 이름으로 아이의 자연스러운 성장을 왜곡한다. 프랑스 근대 사상가 루소는 교육 철학을 담은 《에밀》에서 다음과 같이 말한다. "인간은 자연이 만든 것은 아무것도 그대로 원하지 않는다. 인간 자체까지도 마치 조마장의 말처럼 자신을 위해 길들여놓는다. 마치 정원수와 같이 자기 취향에 맞추어 구부러뜨려놓는다."

루소의 말은 오늘날의 한국 가정과 학교 현실을 보여주는 듯하다. 말을 조련하거나 정원수를 다듬는 정도는 기본 모양 자체를 바꾸지는 않으니 약과다. 한국의 부모와 학교는 교육을 마치 집에서 분재를 키우는 과정처럼 생각한다. 나무를 꾸미는 정도가 아니라 아예 자신이 원하는 모양대로 굽히거나 자른다. 원래 타고난 본성 자체를 인정하지 않는다.

한국의 부모는 자연 그대로의 아이를 원하지 않는다. 자신이 생각하는 바대로 판박이를 만들고 싶어 한다. 어떤 직업을 갖고 살아가야 할지에 대한 가이드라인을 정한다. 대부분의 청소년은 부모가 원하는 미래를 위해 하루의 대부분을 보낸다. 청소년의 미래는 연봉이 높은, 각종 '사' 자가 붙은 직업이나 대기업 취업으로 고정된다. 10여 년을 보내야 하는 초·중·고등학교는 사실상 붕어빵 기계다. 거의 똑같은 교복과 교과서, 시험 성적이라는 획일적 측정 기준에 따라 소품종 대량생산을 위한 컨베이어 벨트처럼 동일한 제품을 찍어낸다.

부모는 사랑이라는 이름으로 초등학생마저 입시지옥으로 밀어 넣는다. 정부의 청소년정책 연구기관인 한국청소년정책연구원이 서울 지역 초중고생을 조사한 연구에 따르면 초등학생 평일 평균 여가시간은 고작 3시간(195.6분)이다. 초등학생의 여가시간이 고등학생 평균(195.2분)과 같다. 주로 학원이나 방과 후 학습 등 과외 활동에 많은 시간을 보낸다. 중학생의 평일 평균 여가는 241.2분으로 초등학생보다 오히려 45분가량 많다.

그나마 이 수치조차도 '평균'임을 잊어서는 안 된다. 사교육을 충분히 시킬 수 없는 저소득층 자녀를 빼놓고 생각하면 절반 이상의 학생은 평균을 훨씬 초과하는 학습에 시달린다는 결론이 나온다. 또한 상당수 고교에서 0교시 수업부터 밤 10시에 끝나는 야간 자율학습까지 하루 14~15시간 중노동 학습을 하는 실정을 고려하면 평균치를 훨씬 웃도는 경우가 허다하다. OECD 1위인 한국 노동자의 평균 노동시간보다 더 긴 '학습노동'에 시달린다.

이를 정상적인 현상이라고 보기는 어렵다. 이 조사에서 다수의 부모는 그 정도의 여가시간에 대해 '적당하다'는 반응을 보인다. 당연히 아이들은 '부족하다'는 답이 다수다. 유럽 기준으로 볼 때 아동 학대에 해당한다고 해도 과언이 아닐 것이다. 하지만 부모들은 이 상태가 정상이고 사랑과 관심의 표현이라며 아이를 다람쥐 쳇바퀴 속으로 밀어 넣는다.

예전에 EBS TV 〈지식채널-e〉의 '대한민국에서 초딩으로 산다는 것'에 소개된 내용을 보면, 초등학생 10명 중 9명이 과외를 한다. 과외 종목은 평균 3.13개, 하루 평균 과외시간은 2시간 36분이다. 친구와 노는 시간이 거의 없다는 응답이 30%다. 가출 충동을 느껴본 적 있다는 응답이 무려 53.3%이고, 자살 욕구를 경험해본 적 있다는 응답도 27%나 된다. 자살을 생각한 가장 큰 이유는 '성적 문제'다. 부모의 욕심이 아이의 정상적 삶을 얼마나 심하게 왜곡하는지를 단적으로 보여준다. 아이가 힘들다고 하면 대부분의 부모는 반성적 성찰은커녕 '네 미래의 행복을 위해 이렇게 애쓰는 거야'라며 다시 압박을 가할 것이다.

비정상적인 부모와 아이를 권하는 사회

정상적 성장이라면 자율성과 자립심이 늘어나는 과정이어야 한다. 부모는 아이가 한 사람의 주체로서 세상을 살아가도록 독립성을 향상시켜야 한다. 하지만 현실은 부모의 과도한 보호가 의존성을 키우는 쪽으로 작용한다. 그 결과 과거에 없던 희한한 사회현상이 속출한다. 대표적인 현상이 '헬리콥터 맘'이다. 워낙 초등학생 때부터 부모가 아이의 일상을 챙겨줬기 때문에 성인이 된 후에도 부모가 자식의 주변을 떠나지 못하고 일일이 개입하는 현상이다. 오랜 기간 부모가 일상의 대부분을 처리했기에 성인이 된 자식도 중요한 문제를 혼자 결정하지 못하고 부모에게 의존하는 증상을 보인다.

과거에는 중학생이나 고등학생 정도까지 부모가 적극적으로 관여하고, 20세를 전후해서는 독립적인 삶을 시작하는 것이 일반적이었다. 하지만 요즘에는 대학은 물론이고 심지어 군대나 직장까지 부모의 간섭이 연장되는 경우가 적지 않다. 자녀의 중·고등학생 시절에 부모가 했던 행동이 대학으로 이어진다. 부모가 자녀의 대학에 전화를 걸어 시험의 난이도에 대해 불만을 표하기도 하고, 출석을 보고서 제출로 대체해달라고 요구하는 등 잦은 간섭을 한다. 유사시 부모라는 단단한 방어막 속으로 숨어버리기에 이들 성인 자녀를 '자라족'이라고도 한다.

'캥거루족'도 연관된 사회현상이다. 캥거루족은 독립할 나이가 됐는데도 부모에게 생활을 의존하는 삶을 일컫는다. 취업문제가 심각한 사회문제로 등장한 후 한국사회에서 뚜렷해지는 경향이다. 현실의 경제적인 곤란과 성장 과정에서 형성된 부모에 대한 심리적 의존성이 섞여서 나타나는 현상으로, 세계 각국에서도 다양한 형태로 나타난다. 미국의 경우 2016년 〈월스트리트저널〉 보도에 따르면 자립할 나이가 됐는데도 부모에게 경제적으로 의존하는 20~30대를 일컫는 '캥거루족'이 약 40%나 된다.

그런데 육아와 가사를 떠맡는 '전업맘'에 대한 시선은 그다지 호의적이지 않다. 엄마가 된 여성은 개인적으로 자아 상실의 혼란을 겪으면서 주변의 편견에 시달리기까지 한다. 사회는 아이 돌보는 일을 여성에게 전담시키면서도, 전업주부를 '맘충'으로 부르기도 한다. 남편이 벌어준 돈으로 논다는 부정적 이미지를 뒤집어씌우는 것이다.

자식에 대한 부모의 왜곡된 사랑은 아이의 자립심을 약화시켜 의존적 인간으로 살아가게 만든다. 다른 한편 부모는 인생의 상당 부분을 아이 주위에서 어슬렁거리는 주변인으로 살아가게 된다. 부모는 부모대로, 자식은 자식대로 자율성을 갖고 각자 삶을 개척해나가는 관계가 서로에게 바람직하지 않을까?

22 /

의무교육은
제도교육으로
한정된다

의무교육은 일정한 나이가 되면 의무적으로 받아야 하는 보통 교육이에요. 한국 헌법은 제31조에서 "모든 국민은 능력에 따라 균등하게 교육을 받을 권리"가 있고, "모든 국민은 그 자녀에게 적어도 초등교육과 법이 정하는 교육을 받게 할 의무"가 있음을 규정하고 있어요. 이에 따라 교육법은 6년의 초등교육과 3년의 중등교육을 위해 필요한 학교를 설치·운영하도록 정했죠. 그러므로 국가가 인가하여 설치·운영하는 학교에서 교육받아야 하고, 이를 어기면 법적 처벌을 받아야 합니다.

의무교육과 강제교육은 다르다

헌법이 규정하는 의무의 주체는 해당 연령의 자녀를 둔 국민, 즉 친권자나 후견인이다. 교육법 제8조는 의무의 내용을 두 가지로 정한다. 하나는 "6년의 초등교육과 3년의 중등교육"이다. 다른 하나는 "국가와 지방자치단체는 그 교육을 위하여 필요한 학교를 설치·운영"하도록 정하는데, "모든 국민은 그 보호하는 자녀에게 상기 교육을 받게 할 의무"가 있다는 것이다. 의무교육 기간은 '국민공통기본교과'를 적용받는데, 모든 학생이 공통 과목(국어·도덕·사회·수학·과학·기술가정·체육·음악·미술·영어)을 배워야 한다.

헌법이나 교육법의 의무교육 조항은 바람직하고 이상적인 내용만으로 채워진 듯하다. 하지만 이 법이 적용된 의무교육은 여러 문제를 낳는다. 무엇보다도 획일성이 문제다. 한 학급만 해도 30명이 넘는 학생이 똑같은 내용을 동일한 속도로 학습해야 한다. 학생별 욕구나 능력의 차이가 개입할 여지가 거의 없다. 대규모 시설과 인원이 일사불란하게 관리되고, 국민공통기본교과를 적용받아 고정된 프로그램을 진행하는 의무교육 체계 안에서 필연적으로 나타나는 문제다.

문제의 소지는 사실 유럽에서 의무교육이 도입될 때부터 있었다. 1819년 프러시아에서 근대적 의무교육 체계가 시작되었다. 당시에는 중앙집권화된 학교 교육의 목표를 다음과 같이 정했다. 명령에 복종하는 군인, 고분고분한 광산 노동자, 정부 지침에 순종하는 공무원, 기업이 요구하는 대로 일하는 사무원, 중요한 문제에 대해 비슷하게 생각하는 시민 등이다. 국가의 이해를 어려서부터 대규모로 주입하기 위한 목적이 상당 부분 개입되었다.

현대사회에서 민주주의가 확대되면서 교육 목표나 내용에 변화가 생겼기 때문에 지금의 의무교육이 19세기의 교육과 동일한 성격이라고 볼 수는 없다. 하지만 획일적 성격은 부정하기 어렵다. 그 결과 많은 아동은 취학 전에 갖고 있던 호기심이 의무교육 아래에서 줄어드는 현상이 나타난다. 대규모 교실과 고정된 커리큘럼 아래에서 스스로 생각하고 판단하기보다는 의존적·수동적 성향이 늘어난다. 특히 한국의 학교는 취업 준비 과정처럼 굳어지면서 물질주의적인 사고방식을 집단적으로 습득하는 통로 역할을 한다.

의무교육이 학생의 창의성을 가로막는다는 비판의 목소리가 높다. 이에 따라 다양한 교육 목표와 소규모 교실로 개성을 살리는 대안학교를 모색하는 움직임이 활발하다. 정부도 초·중등교육법 제60조에 대안학교가 "초등학교·중학교·고등학교의 과정을 통합"하여 운영할 수 있도록 하고, "설립 기준, 교육과정, 수업 연한, 학력 인정" 등을 따로 정하도록 규정한다.

지난 10여 년 사이에 전국적으로 많은 대안학교가 생겨났다. 하지만 정부 인가 학교는 많지 않다. 중학교 4곳을 포함하여 총 20개 남짓의 학교가 인가를 받아 졸업 후 학력이 인정되고 지원금을 받는다. 비인가 학교는 졸업 자격이 인정되지 않기 때문에 검정고시를 봐야 한다. 또한 재정상의 곤란 때문에 불안정한 상태에 빠진다.

인가를 받으려면 정부 기준을 충족해야 한다. 먼저 국민공통기본교과가 교과과정의 절반을 차지해야 한다. 또한 교사는 교사 자격증을 소지한 사람으로 한정한다. 이 기준을 다 충족하면 대안교육의 취지 자체가 무색해지는 결과를 초래할 가능성이 크다. 그동안 의무교육을 담당했던 학교 운영을 중심으로 약간의 변형 정도만 허용하는 셈이다.

의무교육이 사실상 강제교육으로 적용되는 셈이다. 그렇기 때문에 현재 한국의 인가 대안학교는 중학교가 4곳밖에 없고 초등과정은 한 군데도 없다. 게다가 비인가 대안학교에 자녀를 보낼 경우 부모가 의무교육을 위반한 죄로 벌금을 내야 한다. 현행 초·중등교육법 제68조는 자녀가 초등학교 입학 연령에 도달했음에도 "이행하지 않은 자에게는 100만 원 이하의 과태료를 부과한다"라고 명시되어 있다. 엄밀히 말하자면 비인가 대안 초등학교에 자녀를 보내는 순간 처벌 대상이 된다. 이 역시 강제교육의 한 단면이다.

다양한 대안교육의 가능성을 봐야 한다

교육의 의무는 다양한 선택 기회를 박탈하기 위해 만들어진 조항이 아니다. 헌법은 자녀의 교육받을 권리를 부모가 이행하도록 의무를 부여한다. 말 그대로 못된 부모, 예를 들어 경제적 계산이나 아동 학대 등으로 학교를 보내지 않는 부모를 처벌하기 위한 의무이고 처벌 조항이다. 미국, 일본, 유럽 등 외국에서는 벌금은 물론 징역형까지 내린다. 하지만 대안학교는 아동의 교육받을 권리를 무시하는, 교육 기피 행위가 아니다. 교육의 다양성을 살려 자녀의 특성에 적합한 교육 기회를 제공하고자 하는 노력이다.

대안교육의 취지를 살리려면 의무교육을 강제교육으로 치부하는 사고방식에서 벗어나야 한다. 먼저 국민공통기본교과 이행 요구를 대폭 완화해야 한다. 대안교육은 생존경쟁과 적자생존 가치로 인한 유대의 단절, 인간성 파괴, 자연환경과의 친화력 약화 등을 일방적으로 전달하는 기존 교육에 반발하면서 생겼다. 지식 편중의 단편적인 교육을 지양하고, 직접 체험의 확대, 다양한 프로그램, 학생의 자율성 등을 중시한다. 그런데 기존 내용을 반 이상 채우라고 한다면 대안학교 자체의 의미를 사실상 부정하는 꼴이 된다.

외국에서는 심지어 홈스쿨링을 법적으로 인정하는 경우도 적지 않다. 홈스쿨링은 학교에 자녀를 보내지 않고 집에서 학습하게 하는 대안교육의 하나다. 당연히 한국과 같은 국민공통기본교과는 적용되지 않는다. 최근 미국에서는 홈스쿨링이 지속적으로 증가하는 추세다.

뜻을 같이하는 몇몇 부모가 공동으로 일종의 교육 조합을 만들어서 직접 작은 학교 역할을 한다. 부모들이 역할을 분담하여 수업을 진행하기도 하고, 일부 교사를 초빙하여 진행하기도 한다.

대안학교 교사 임용과 관련해서도 획기적으로 완화된 기준이 필요하다. 대안교육은 전통 교과과목보다 체험과 프로젝트 학습 비중이 높은 특수성을 지닌다. 그러므로 대안학교 교사의 능력은 기존 교과목 중심의 교사 자격증과는 상당히 다른 특징을 지닌다. 기존 사범대학이나 임용고사 방식으로는 대신할 수 없는 능력이다.

대안학교의 의미를 살린다면, 기존 대안학교 교사들에게 적절한 수준의 연수를 받게 한 뒤 '대안학교 교사 자격증'을 부여하는 방식이 적합하다. 세계인권선언 제26조는 "부모는 자녀에게 제공되는 교육의 종류를 선택함에 있어 우선권을 가진다"라고 규정하고 있다. 국가는 교육의 다양성을 추구하는 부모와 학생의 선택을 최대한 존중할 필요가 있다.

23

의무교육하에서는 국가가 교과서를 관리해야 한다

교과서는 일반도서와 달리 세상을 바라보는 눈과 인생에 대한 가치관 형성에 중요한 영향을 미치죠. 아동과 청소년 시기에 왜곡된 지식을 습득하면 고치기가 쉽지 않아요. 특히 역사교육은 공통의 교훈으로 미래를 준비하고 국민을 하나로 모으는 통로입니다. 민간이 교과서 발행을 주도하면 서로 다른 견해가 충돌하면서 소모적 논란이 불가피하고 공통의 교훈을 얻을 수 없어요. 역사교육은 물론이고 국민의 세계관과 인생관 형성에 관련된 일반 교과서까지 국가가 관리해야 합니다.

교과서는 국가가 관리해야 한다?

국가가 교과서를 관리하는 방식은 두 가지다. 국정교과서와 검·인정교과서다. 국정교과서는 국가에서 직접 교과서 저작에 관여해 내용을 결정한다. 교육부가 편찬하며, 교육부 관리 아래 연구기관 또는 대학 등에 위탁하여 편찬할 수도 있다. 국정교과서로 지정되면 각 학교에서 의무적으로 사용해야 한다.

검·인정교과서는 검정교과서와 인정교과서로 구분된다. 검정교과서는 교육부 장관이 공고한 과목을 대상으로 민간이 제출한 도서를 심사하여 사용한다. 국가가 제시한 가이드라인에 따라 심사하고, 교육부가 필요하다고 판단하면 수정을 명령한다. 민간 제작이지만 수정명령을 포함하여 국가의 개입 정도가 상당히 높다. 여러 종이 허용된다는 점 외에는 국정교과서와 유사하다. 인정교과서는 국정도서나 검정도서를 대신하거나 보충할 필요가 있을 때 사용한다. 각 시·도교육청이 심사 업무를 담당하고 최종적으로는 교육부 장관의 인정이 필요하다. 검정보다는 국가의 개입이 약간 소극적이다.

한국사 교과서의 경우 해방 이후 검·인정 제도를 통해 중학교용 11종, 고등학교용 11종을 사용했다. 하지만 박정희 군사정권 아래에서 1974년에 국정교과서로 전환되었다. 민주화 이후 2002년에 검정체제로 돌아가서 최근까지 중학교 9종, 고등학교 8종의 역사 교과서가 사용되었다. 2015년 10월 정부가 국정화를 결정하면서 현재까지 논란에 휩싸인 상태다.

국정교과서는 독재국가에서나 시행되는 제도라는 점에서 국제적으로도 부끄러운 일이다. 2013년에 유엔(UN)은 특별보고서에서 "국가 주도의 단일화 역사교육은 특정한 이념을 일방적으로 주입하기 위한 도구가 될 위험성이 있다. 단일 역사 교과서만을 승인하는 것은 문제가 있다"고 했다. 이 기준에 따라 몇 안 되는 국정교과서 실시국 가운데 하나인 베트남에 폐지 권고를 했고 베트남은 검정제로의 전환을 결정하기도 했다.

또한 역사적 사건이나 사료에 대해 국가가 사실상 하나의 해석만을 인정하겠다는 태도 자체가 비이성적이다. 흔히 역사는 승자의 기록이라고 한다. 역사서는 대체로 승자의 위치를 차지한 인물이나 세력이 자기 이해를 반영하여 서술하기 때문이다. 간혹 승자에 비판적인 내용이 포함되지만, 그런 경우는 지극히 드물다. 역사적 사실을 직접 만날 수는 없는 노릇이고 사료로 접하는 이상 해석 과정이 필수다. 해석이 다양할 수밖에 없는 논쟁점도 상당히 많다. 국정교과서는 특정 정권이 해석 권한을 독점하겠다는 독재적 발상이고 비이성적인 태도다.

국정화의 대안이 기존의 검·인정이라면 미봉책에 불과하다. 기본적으로 검·인정 역시 교육부가 제시하는 철저한 집필 기준에 의해 만들어진다. 국가에서 가이드라인을 만들어 이 기준에 따라 심사하고 이에 부합하지 않을 때 수정 명령을 내린다. 역사나 사회현상, 인간의 정신활동 등에 대한 다양한 해석 가능성을 상당 부분 제한한다.

따라서 유럽 국가들을 비롯하여 대부분의 민주국가가 채택하고 있는 자유발행제가 바람직하다. 자유발행 교과서는 출판사나 저자가 정부의 검·인정 절차 없이 출판한 것이다. 교과서 발행을 자유롭게 만들어 학교에 폭넓은 선택권을 부여할 때 특정 정권이나 세력의 이해관계에서 벗어난다. 진정한 의미에서 헌법이 보장하는 교육의 자주성과 전문성, 정치적 중립성을 보장하는 길이다. 급작스러운 변화에서 오는 혼란이나 준비 정도가 문제라면 초·중·고등학교의 구분, 그리고 교과목의 구분을 통해 순차적으로 도입하면 될 일이다.

더 자유로운 교육을 위하여

제도교육은 국정이나 검·인정 방식이 아니어도 국가 이념을 주입하는 경향이 강하다. 정부가 인사권을 행사하고 예산이나 지원금 관련 권한을 갖고 있기 때문에 적지 않은 영향력을 갖는다. 이와 관련하여 세계적인 언어학자이자 이 시대 최고 지성으로 통하는 촘스키가《실패한 교육과 거짓말》에서 지적한 다음 내용은 충분히 경청할 만하다.

"학교가 창의적 사색가를 길러내기는커녕, 통제와 억압 시스템 내에서 제도적 역할로 만족했다는 것은 역사적 교훈입니다. 따라서 일단 교육을 받으면, 권력구조를 지탱하도록 사회화되었다는 뜻입니다. (…) 자율적 검열제도는 순종하는 대중을 만들기 위해 독창적 사고를 억누르는 교화의 한 형태, 즉 사회화 과정을 통해 아주 초기 단계부터 시작됩니다."

촘스키의 주장에 따르면 학교는 사회적으로 관리와 통제 역할을 담당한다. 학교는 국가가 국민 개인에게 요구하는 사고와 행동방식의 주입 통로다. 사회화라고 하지만 사회적 강자, 국가 권력의 중심을 차지하는 세력의 이해를 자신의 신념으로 받아들이도록 유도한다. 초·중·고등학교까지 무려 12년 동안 반복과 누적을 통해 주입되기에 강력한 영향력을 행사한다.

이러한 경향이 국정이나 검·인정 아래에서의 현상만은 아니다. 촘스키가 평가한 대상은 미국이나 유럽이다. 유럽 국가는 대부분 교과서 자유발행제를 채택한다. 스웨덴과 핀란드는 교사에 의한 교과서 집필도 가능하다. 미국은 주마다 제도가 다르다. 20여 개 주는 민간 출판사가 개발하여 교육부 심의를 거치는데, 우리의 검정제와 유사하다. 그 외의 주는 대체로 자유발행제를 실시한다. 하지만 검정제를 채택한 주라 하더라도 세밀한 가이드라인을 제시하는 한국과 달리, '대강'의 내용과 목표만을 지정하기 때문에 다양한 관점의 여러 교과서가 나온다. 그런데도 여전히 제도교육이 학생의 자율적·독창적 사고를 억누르는 교화 작용에 충실하다는 것이다. 국정 혹은 유사한 수준의 검·인정에서 보이는 타율적 방식에서 벗어났지만, 자율성 형식 아래 실질적으로는 검열이 이루어진다. 적어도 개인과 국가 관계에서 무조건 국가를 우선하는 국가주의적 사고방식을 교육을 통해 강제한다는 지적이다.

근대 교육의 아버지로 불리는 스위스 교육가 페스탈로치는 한 편지에서 "학교는 사람이 사물을 보고 알기 전에 판단을 먼저 머릿속에 집어넣는다"고 했다. 학교가 학생 스스로의 생각을 장려하기보다는 미리 만들어진 특정 관념을 주입한다는 것이다. 전근대적 요소가 많이 남아 있는 한국 교육에서는 더욱 중요한 문제다. 페스탈로치의 말은 교과서를 자유발행제로 바꾸더라도 자율적·창의적 교육이 바로 실현되는 것이 아니라는 점을 알게 해준다. 그래도 국정이나 검·인정을 통한 교육 내용 관리·통제에서 탈피하는 것이 자유로운 교육의 중요한 출발점임은 분명하다. 동시에 학생 자신의 의문과 생각을 살리는 방향, 학생 개개인의 다양한 차이가 적극적으로 반영되는 방향으로 수업 방식과 입시제도의 개혁이 이루어져야 한다.

24 /

경쟁사회에서 대학서열화는 불가피하다

경쟁사회에서는 개인의 능력에 따라 재화가 분배됩니다. 그래서 능력을 분별하는 기준이 중요한데, 가장 현실적인 기준은 학력이죠. 학력은 어떤 노력을 기울였고 어느 정도 성취했는지를 평가하는 중요한 자료입니다. 예전에는 대학 졸업 자체가 중요했다면, 대학 진학률이 세계 최고 수준인 한국사회에서는 어떤 대학인지가 학력의 중요한 요소일 수밖에 없어요. 그러므로 능력을 중시하는 자유로운 경쟁체제에서 대학서열화는 불가피해요.

학력이 능력을 대신하는가?

지식이 사회 발전에 기여한다는 점을 부정할 사람은 없을 것이다. 지식 획득을 위한 개인적·집단적 노력이 늘어나고 그에 따라 지식이 확산되는 사회에서 경제성장과 국가 경쟁력 강화는 자연스러운 현상이다. 적어도 양적인 측면으로 제한해서 본다면 지식과 성장은 양의 비례관계 경향을 보인다.

토마 피케티가 《21세기 자본》에서 지식 확산이 부의 편중을 완화한다고 주장한 다음 내용도 비슷한 맥락이다. "수렴을 위한 주된 동력은 지식의 확산, 기술과 훈련에 대한 투자다. (…) 지식과 기술의 확산은 국가 내, 국가 간 불평등을 줄일 뿐만 아니라 전반적인 생산성을 제고할 수 있는 중심적인 메커니즘이다. 이를 잘 보여주는 것이 바로 지금 중국을 비롯해 예전에 가난했던 신흥국들이 선진국을 따라잡는 것이라 할 수 있다."

피케티의 주장에 따르면 저개발 국가가 부유한 국가와의 격차를 줄이는 효과적 방법은 지식에 대한 투자다. 지식을 통한 기술 습득이 생산성과 국민소득을 늘린다. 시장 메커니즘보다는 지식이 더 중요한 요인이다. 역사적 경험이 이를 증명한다. 급격한 경제성장으로 선진국과의 격차를 좁힌 나라들을 봐도 그러하다. 한국, 대만, 중국, 조금 더 거슬러 올라가면 일본도 외부 자본의 대규모 투자로 성장 동력을 만들어내지 않았다. 교육에 대한 사회의 투자 열정, 전문적 노하우와 기술 습득이 장기적 성장에 핵심 역할을 했다는 것이다. 이는 국가 간 부의 격차 축소만이 아니라 국가 내 부의 격차 축소에도 핵심 요소라고 한다.

피케티의 논리는 국가 간 격차 축소에서는 어느 정도 현실성이 있다. 적어도 그가 예로 든 한국, 대만, 중국, 일본 등은 어느 정도 지식의 확산 논리가 적용되기 때문이다. 물론 지식 요인만 갖고 설명할 수 있는 것은 아니지만 말이다.

하지만 지식의 확산이 한 국가 내에서 부의 격차를 줄이는지에 대해서는 상당히 회의적이다. 한국만 놓고 보더라도 현실은 상반된 방향으로 가는 면이 있기 때문이다. 지난 수십 년간 전 세계를 통틀어 한국만큼 지식이 빠르게 확산된 사회도 없다. 한국은 학력에 대한 노력과 투자라는 면에서 세계 최고다. 하지만 소득 상위 20%와 하위 20% 사이의 빈부격차는 오히려 증가 추세다. 상위 1%에게 부가 집중된 정도를 놓고 볼 때도 세계 최고 수준이다.

또한 학력이 개인의 능력을 재는 절대적 기준인가에 대해서는 의문점이 많다. 특히 대학서열화를 기준으로 능력을 평가하는 관행은 더욱 그러하다. 서열화 피라미드에서 위쪽에 있는 대학 졸업자일수록 노동시장에서 뛰어난 능력을 발휘할 것으로 기대하지만 현실에서는 다른 결과가 나타나곤 한다. 몇몇 기업에서 학벌에 따른 업무능력을 평가한 결과 서울대나 명문대 출신의 업무능력이 다른 학벌에 비해 뛰어나지 않다는 결과가 종종 나온다.

기업 인사 담당자들에게 학벌과 채용의 상관관계를 물었을 때, 학벌과 업무능력이 별개라는 응답을 보인 경우도 많다. 예를 들어 2014년에 취업포털 커리어가 인사 담당자 258명을 대상으로 설문조사를 한 결과, 78.7%가 고스펙과 업무능력의 상관관계가 없다고 답했다. 고스펙 소지자가 업무능력이 뛰어나지 못한 이유로는 회사에 대한 충성도·애사심 부족, 조직 적응력 부족, 커뮤니케이션 능력 부족, 인성 부족 등이 주요하게 꼽힌다. 다른 매체에서 50개 기업 인사 담당자를 대상으로 실시한 수도권 대학 출신과 지방권 대학 출신의 업무능력 차이 설문조사에서도 3분의 2 이상이 '별 차이가 없다'고 답했다.

학력에 따른 임금 격차를 줄여야 한다

한국사회가 입시지옥과 대학서열화로 몸살을 앓는 이유는 일차적으로 학력별 임금 격차에 있다. 한국은 높은 대학 진학률로 학력 인플레이션이 가장 심한 나라다. 이는 교육을 통한 계층 이동의 가능성을 사실상 제거한다. 이제 중학교 졸업장은 수십 년 전으로 치면 초등학교 졸업장, 대학 졸업장은 고등학교 졸업장 정도의 의미밖에 없다.

유럽은 대학 진학률이 높지 않다. 독일, 스웨덴 등 서유럽과 북유럽 국가들은 40% 내외다. 나머지는 대체로 직업훈련학교에서 기술을 배운다. 연봉에서 큰 격차가 없고, 기술자로서 사회적 존경도 받기 때문에 대학 진학에 인생의 사활을 걸지 않는다. 하지만 한국은 대학을 졸업하지 않으면 연봉이나 직장의 안정성에서 현격히 불만족스러운 상황에 놓인다. 미국도 한국과 비슷한 양상을 보인다. 1980년대만 해도 노동자의 최종 학력 중 대졸과 고졸의 임금 격차는 20%에 불과했지만 지금은 70%에 달한다. 현재 대졸과 고졸 학력 간 임금 격차가 거의 1:2에 이르기 때문에 교육이 소득을 올릴 수 있는 가장 좋은 수단이라는 인식이 지배하고 진학을 놓고 과열 양상을 보이고 있다.

한국의 학력별 임금 격차는 시기마다 다른 추이를 보인다. 1980년 이래로 지속적으로 축소되다가 2000년 이후 확대되고 있다. 통계청의 경제활동인구조사를 분석하면 2015년 고졸 임금 근로자의 월평균 임금은 196만 원, 대졸자는 300만 원으로 100만 원 넘게 차이가 난다. 연봉으로 치면 1000만 원을 훌쩍 뛰어넘는 차이다. 고졸 근로자를 100으로 볼 때 대졸 근로자 임금 비율은 1998년 147에서 2011년에는 164로 늘어났다.

또 하나의 문제는 한국의 교육체계가 고비용 저효율 구조라는 점이다. 대부분의 중·고등학생이 대학 진학에 목을 매고 오랜 기간 입시지옥을 통과해야 하지만 학력 인플레이션 현상 때문에 대학 졸업 후에도 취업의 길이 매우 좁아서 고학력 실업자가 대폭 늘어나고 있다.

게다가 대학 등록금도 상당히 비싸서 사회적 낭비 구조를 초래한 다. OECD의 2015년 등록금 자료에 따르면 한국의 국·공립대 연평 균 등록금은 미국·일본에 이어 3위이고, 사립대 연평균 등록금도 미 국·영국에 이어 3위이다. 국·공립대 등록금으로 비교하면 한국이 4773달러, 이스라엘 2957달러, 네덜란드 2300달러, 이탈리아 1602 달러, 스위스 1015달러, 오스트리아 861달러, 벨기에 729달러 등이다.

엄청난 사회적 비용을 초래하는 입시지옥과 대학서열화 문제 해결 을 위해서는 무엇보다도 고등학교 졸업자와 대학 졸업자, 4년제 대학 졸업자와 2년제 전문대학 졸업자 사이의 임금 및 처우 격차를 줄여야 한다. 업무 특성상 대학 졸업자를 원하는 경우에도 4년제 대학 졸업 여부를 채용 기준으로 두지 못하도록 규제가 필요하다. 또한 업무능 력 중심의 채용 기준 적용 기업에 대해 정부 차원의 지원을 비롯한 다 양한 사회적 보완책이 필요하다.

25 /

외국인 노동자가
일자리를
빼앗는다

이제 웬만한 도시에서는 외국인 노동자들을 어렵지 않게 볼 수 있어요. 그만큼 다양한 업종에서 여러 국적의 이주 노동자들이 일자리를 차지하고 있죠. 제조업 분야의 중소기업은 물론이고 음식점에서도 재중동포를 고용하는 경우가 많아요. 가뜩이나 한국의 실업률이 치솟고 있는데, 이주 노동자들이 일자리를 빼앗는 형국이죠. 게다가 외국인 노동자들이 늘어나면서 다양한 사회문제가 생깁니다. 무엇보다도 외국인 노동자가 저지르는 범죄라든가 불법 체류자 증가 등의 문제가 시급해요.

외국인 노동자는 일자리를 '채우고' 있다

한국에 거주하는 외국인이 빠르게 증가하고 있다. 2016년 정부 발표에 따르면 합법적 국내 체류 외국인이 200만 명을 넘는다. 불법 체류 외국인까지 포함하면 어림잡아 250만 명 정도는 된다. 외국인 노동자 수로 좁혀서, 통계청의 '2015년 외국인고용조사'를 보면 15세 이상 외국인이 137만3000명이고 1년 전에 비해 9.4% 증가했다. 이 가운데 취업자 93만8000명, 실업자 4만8000명, 비경제활동인구 38만7000명이다. 국적별로 보면 재중동포(조선족) 43만7000명, 베트남인 7만6000명, 중국인 5만6000명, 미국인과 캐나다인 5만2000명 순으로 많다. 경제활동인구가 98만6000명이고 취업자가 93만8000명으로, 대부분 취업을 위해 한국에 거주한다는 것을 알 수 있다.

비판적 입장에서 보면 현재 외국인이 일자리를 거의 100만 개나 빼앗은 게 된다. 정말 외국인 노동자가 한국인에게 돌아갈 기회를 빼앗고 있는가? 그것은 제조업·건설업과 외식업이 조금 다르다. 먼저 제조업·건설업의 경우 산업 현장에서는 내국인이든 외국인이든 일할 사람 자체가 부족해서 문제이기에 해당 사항이 없다. 제조업에 종사하는 중소기업 입장에서는 외국인 노동자들이 없으면 공장을 움직이는 것 자체가 어려워서 문을 닫아야 할 정도라고 한다. 산업별 외국인 취업자를 보면 제조업이 46.3%, 건설업이 9.2%로 반 이상을 차지한다.

다시 말해서 외국인 노동자들이 사라진다고 해도 한국인 노동자들이 그 자리를 채우지는 않는다. 외국인 취업은 대부분이 중소기업에, 이른바 3D(Dirty, Difficult, Dangerous) 업종에 집중된다. 가장 문제가 되는 것은 위험한 작업이다. 근무조건 및 환경이 전반적으로 노동자에게 위해를 가져다줄 수 있는 작업이 많다. 물건을 자르는 프레스 공정, 인체에 유해한 화학물질을 다루는 공정 등 때문에 한국인 노동자들은 꺼려하는 작업들이다.

사업체의 종사자 규모별 외국인 취업자를 보면 10~29인 사업장 취업이 25.4%, 1~4인 사업장이 21.4%, 5~9인 사업장이 20.5%로 대부분 영세한 규모의 공장에서 일한다. 작업별로 보면 기능원과 기계 조작 및 조립 종사자가 40.1%, 단순노무 종사자가 31.8%로 압도적 다수가 단순 업무에 종사한다. 대부분 한국인들이 위험하고 어렵고 더러워서 기피하는 일자리다. 전문 인력은 4만7000명에 불과하다.

일단 제조업의 경우 외국인 노동자가 일자리를 '빼앗는다'고 말하기 어렵다. 한국경제에 꼭 필요한 일이지만 한국인이 일하지 않는 곳, 즉 비어 있는 부분을 '채운다'고 해야 적절하다. 이런 업종과 외국인 노동자는 서로 필요에 의해 도움이 되는 관계다. 만약 이들이 없다면 공장을 멈춰야 하는 사정도 많기에 그나마 그 공장에 취업해 있던 한국인 노동자의 일자리조차 사라지는 꼴이 된다. 우리가 고마워해야 할 처지다.

제조업 3D 업종과는 달리 외식업의 경우 이주민 여성들 때문에 일자리 경쟁을 하는 경우가 있기는 하다. 식당 일까지 외국인 노동자를 쓰면 서민층은 일할 자리가 없다는 불만이 나오곤 한다. 식당에서 하는 청소나 설거지 등 막일의 경우 한국인 저소득층의 일자리와 겹치는 부분이 있는 것은 사실이다.

앞의 통계청 자료에 따르면 도소매 및 숙박·음식점업에 종사하는 외국인 노동자는 17만9000명으로 전체 인원 중 19.0%를 차지한다. 이 가운데 도소매 및 숙박을 제외하면 그 인원은 더 줄어든다. 그리고 외식업 관련 업체에서도 제조업만큼은 아니어도 한국인 고용에 곤란을 겪는다는 토로가 많은 것을 보면 실제로 문제가 되는 비율은 더 줄어든다. 외국인 노동자가 제조업 등의 분야에서 기여하는 바에 비추어 볼 때 심각한 수준이라고 보기는 어렵지 않을까?

외국인 노동자에 대한 다양한 편견

한국인의 외국인 노동자에 대한 반감은 상당히 높은 편이다. 일자리를 빼앗는다는 불만 외에 다양한 방향으로 무시와 차별적 태도가 나타난다. 대표적인 편견 가운데 하나가 외국인 노동자를 범죄의 온상으로 보는 태도다. 흔히 외국인 노동자들이 많이 거주하는 동네를 우범지역으로 치부한다. 한국 액션영화에서도 외국인 노동자들은 청부살인 집단으로 자주 등장한다.

하지만 외국인 범죄율은 높지도 않고 급격하게 늘어나는 추세도 아니다. 검찰청의 2014년 범죄분석통계를 보면 국내 외국인 범죄자 수는 2만8456명이다. 같은 해 국내 체류 외국인 수가 179만7618명이니 범죄율은 1.6%다. 같은 해 한국인 총 범죄자 수는 187만9548명으로, 범죄율은 3.7%다. 전체적인 범죄율은 내국인이 외국인보다 2배 이상 높다. 살인·강도강간·절도·폭력 등 강력 범죄만을 놓고 봐도 외국인 범죄율이 한국인 범죄율보다 다소 낮다.

게다가 외국인 범죄 대부분이 한국인에 대한 위협과는 거리가 멀다. 외국인 강력 범죄의 80%가 외국인에게 일어나고 그중 대부분은 같은 국적 사람들에게 일어난다. 한국 입국 목적이 취업이고 입국 과정에서 과거 범죄 전력이 있는 자는 걸러내기 때문에 범죄율이 낮은 것이 당연하다.

또한 외국인 노동자들이 대부분 불법 체류자일 것이라는 생각도 잘못된 편견이다. 앞서 본 통계청의 '외국인고용조사'에서 확인할 수 있듯이 절대다수는 합법적인 비자를 가지고 들어와 있다. 실업자가 4만여 명에 불과하니 대체로 취업한 상태이고 저임금에도 열심히 일하고 있다. 1960년대 독일로 일하러 간 광부와 간호사, 1970~80년대 건설붐을 타고 중동에서 일하던 한국인 노동자들과 다를 바 없다.

한국인은 외국인들의 민족과 인종에 따라 차별적 태도를 보인다. 한국인의 부정적 편견은 미국이나 유럽의 백인을 대상으로 하지 않는다. 주로 가난하고 힘없는 동남아시아 국가 출신 외국인이나 재중동포를 색안경을 끼고 본다. 흑인과 동남아인, 몽골인 등 우리와 같은 유색인종을 더 혐오한다. 외국인 노동자 차별 뒤에 인종차별이 덧씌워져 있는 것이다.

26

동성애는
치유하거나
규제해야 한다

동성애는 비정상이고 일종의 질병 같은 것입니다. 이 세상에는 음양이 있고 모든 생명체에 암수가 있듯이 인간도 남녀가 만나 살아야 자연의 원리를 따르는 것이죠. 동성애는 종교적인 면에서도 신의 창조질서를 무너뜨리는 부끄러운 일이에요. 자연이나 신이 인간에게 부여한 원리와 질서에서 벗어난다는 점에서 동성애는 심각한 질병이죠. 사회가 비정상을 제도적으로 허용한다면 혼란을 자초하게 돼요. 환자에게 치료가 필요하듯이 동성애자에게도 정상으로 돌아가기 위한 치유의 과정이 필요합니다.

동성애는 질병이 아니다

동성애를 질병으로 보는 견해는 19세기에 유행했던 낡은 사고방식이다. 과거에는 호르몬 부조화나 성 정체성에 영향을 미치는 유전자 등 생물학적 요인으로 설명하려는 시도가 있었다. 다른 한편으로 동성애를 성 심리의 발달과정에서 일어난 갈등의 결과로 보는 정신분석학적 시도도 있었다. 의학적·심리학적 시도의 상당 부분은 동성애를 정상적 사고나 행위와는 구분되는, 무언가 비정상적 영역으로 전제한다.

　한국은 제도적으로도 동성애에 완강한 불관용 태도를 견지해왔다. 2007년에 차별금지법을 입법 예고했을 때도 "동성애가 확산되면 안된다고 교육할 수 없어진다"는 이유로 성적 취향은 제외했다. 2010년에 법무부 차별금지법 특별분과위원회가 출범했지만 "원만한 사회적

합의 과정을 통한 법 제정은 어려울 수밖에 없다"는 이유로 동성애를 배제했다. 2013년 UN 인권이사회의 권고로 포괄적 차별금지법을 검토하고 있지만 거부감은 여전하다.

군대처럼 큰 집단에서는 동성애에 대한 차별이 더욱 심하다. 2011년 캐나다 정부는 동성애로 인한 학대 두려움에 병역을 거부한 한국인을 난민으로 인정했다. 이 사건은 한국 내 동성애자의 열악한 처지를 상징적으로 보여준다. 캐나다 이민·난민심사위원회는 "한국군에서 동성애는 정신적 질병이자 공식적 혐오 대상으로 간주"되고 있다면서 "동성애자가 성적 지향 탓에 전역한다면 구직과 학업 등 공적 생활에 진입할 기회를 갖지 못할 수도 있다"고 지적한다.

이러한 지적은 한국 국가인권위원회의 조사와도 상당 부분 일치한다. 성적 소수자 인권 기초현황조사에 따르면 군대 내 동성애자는 끊임없이 괴롭힘을 당한다. 동성애자임이 확인됐을 때 정신병동이나 독방에 격리되기도 하고, 정체불명의 약을 먹고 에이즈 검사를 받기도 한다. 심지어 동의 절차 없이 부모에게 자신이 동성애자라는 사실이 통보돼 극심한 고통에 시달리기도 한다. 심한 구타와 성관계에 대한 노골적 질문, 농담 등에 시달리는 경우도 있다.

군대 내의 노골적 차별에는 군 형법 92조의 계간 및 기타 추행 조항 문제가 연관된다. 주요 내용은 "계간 및 기타 추행을 한 자는 2년 이하의 징역에 처한다"는 처벌 조항이다. 인권위 보고서는 '계간鷄姦'이라는 단어 자체가 군 형법에서 동성 간 성행위를 변태로 규정하고 있다는 의미며, 강제와 합의를 똑같은 관점으로 본다는 점에서 문제라고 지적한다. 병영 내에서 이성 간 합의에 의한 성관계는 처벌하지 않는 데 비해 동성 간 성관계에서는 합의에 의한 것까지 성폭력으로 간주하여 처벌하는 것은 명백한 차별에 해당한다.

한국은 사회 전반적으로 성적 소수자들이 근거 없는 비난을 당하거나 혐오 대상이 되는 경우가 빈번하다. 성적 소수자의 자유로운 자기표현과 행복을 추구할 권리가 다수의 관념에 의해 제한된다. 하지만 이미 세계적으로 동성애는 질병이 아니라 '차이'일 뿐이라는 생각이 자리 잡고 있다. 제도적으로 인정하는 분위기도 확산되는 중이다. 심지어 가장 완고한 불관용 태도를 보이던 가톨릭에서도 변화가 일어나고 있다. 세계주교대의원회의는 "가톨릭교회가 동성애자와 이혼자, 결혼하지 않고 동거하는 부부의 긍정적인 측면을 인정해야 하며, 이들의 아이들도 환대해야 한다"는 내용을 담은 동성애포용보고서를 낸바 있다.

한국에서도 국가인권위원회는 성적 소수자와 관련된 부분에 차별이 없어야 된다는 점을 분명히 한다. 박원순 서울시장도 "한국이 동성결혼을 허용하는 아시아 첫 번째 국가가 되기를 바란다"라며 전향적 태도를 보였다. 동성애를 치료 대상이 아니라 사회적으로 인정하고 공존해야 할 자연스러운 현상으로 받아들여야 한다는 분위기가 확산되고 있다.

동성애자의 결혼을 인정할 것인가?

유럽과 미국에서는 이미 20세기 중반부터 동성애자 결혼에 대한 인식 변화가 나타났고 21세기에 들어설 무렵 제도적 수용이 빨라졌다. 2000년에 네덜란드가 동성애자 결혼을 법적으로 허용했고 벨기에, 캐나다, 스페인 등이 뒤따랐다. 미국은 50개 주 가운데 30개 주가 허용한다. 2014년에 오바마 대통령은 "열정적인 권리 옹호와 반박할 수 없는 정당한 명분 덕분에 미국 정부가 조금 더 공정"할 수 있다며 정부계약 기업에 동성애자 차별금지 행정명령을 내렸다.

덴마크, 노르웨이, 아이슬란드, 스웨덴 등은 이성애자 커플과 동일한 위상은 아니지만 동성 커플 결합을 인정한다. 프랑스는 1999년에 시민연대협약을 통과시켰는데, 동성 커플이 계약서를 법원에 제출하고 3년 이상 지속적 결합을 유지하면 사회보장, 납세, 유산 상속, 재산 증여 등에서 보통 부부와 똑같은 권리를 누린다. 한국은 법으로 동성애자의 결합을 금지하지는 않지만 아직 이성 간에 법적으로 결혼한 부부가 누리는 권리를 보장받지 못한다.

유럽에서는 법적인 일부일처제 가족이 지배적 가족 형태라고 말하기조차 어려워진 상황이다. 가족 형태의 다양화는 가부장제 가족이 갖고 있는 억압성이 가장 큰 이유일 것이다. 가부장제의 억압성에서 벗어나기 위해 다양한 가족 형태 공존에 대한 진지한 고민이 필요하다. 동성애도 개인 취향 문제와는 별도로 사회적 차원에서 검토할 필요가 있다.

요즘에는 동성애를 비롯한 성적 소수자의 인권 보호에 공감하는 사람이 점차 많아지고 있다. "나는 동성애자나 트랜스젠더가 되기 싫지만 다른 사람이 그러한 성향을 가지고 있다고 해서 사회적으로 불이익을 주는 것은 곤란하다"는 정도의 의사표현을 어렵지 않게 만난다. 하지만 보다 근본적인 문제로 한발 더 들어가면 고개를 가로젓는다. 예를 들어 성적 소수자의 권리를 기본적으로 인정한다고 스스로 생각하는 사람들 중에도 '동성애자 가족을 인정해야 하는가?'라는 문제로 접근하면 완강하게 부정하는 사람이 훨씬 많다. 성적 취향을 인정하되 법적·제도적 인정은 곤란하고 그냥 좋은 사람끼리 조용하게 살라는 반응이다. 포용하는 듯하지만 결국 동성 결혼이나 시민 결합 등 동성 커플의 법적 지위도 현재 한국의 법체계 안에서 사고하는 것이다.

　법적 혼인을 못 한 부부에게 적지 않은 사회적 불이익이 존재하는 상황에서 법적 혼인 부정은 사실상 동성애 결혼을 처벌하는 것이나 마찬가지다. 국가가 이성끼리 결혼해야 한다고 명령할 권리가 있는가? 기본적으로 성적 취향과 이에 따른 결혼은 타인이나 국가가 강제할 수 없는 개인 판단의 영역이다. 민주주의와 인권이 정착된 나라라면 대부분 동성애자 결혼을 인정하고 있음을 고려할 때 한국도 이제 전향적인 태도를 보여야 한다.

27 /

과격해질 우려가 있는 집회는 불허해야 한다

헌법이 기본권으로 보장한 집회와 시위의 권리는 절대적·무조건적인 것이 아닙니다. 평화시위는 허가하되 과격시위로 사회혼란이 우려되는 집회에 대해서는 정부가 불허 조치를 취할 권한을 가져야 해요. 혹은 폭력시위가 아니더라도 집회나 행진이 진행되는 시간과 공간 조건상 심각한 시민 불편을 초래할 때 불허가 필요하고요. 집회의 자유보다는 사회의 기본 질서와 시민의 안전이 우선이니까요. 무엇보다도 옥외 장소에서 불특정 다수를 상대로 개최되는 집회 및 시위는 위험성이 커서 제한적 허용이 불가피해요.

집회와 시위에 대한 허가제는 위헌이다

대한민국 헌법은 제21조 1항에서 모든 국민은 "집회·결사의 자유를 가진다"라고 하고, 2항에서 "집회·결사에 대한 허가는 인정되지 않는다"라고 함으로써 집회·결사의 자유에 대한 기본 입장을 밝힌다. 가장 큰 문제는 허가제다.

헌법이 보장하는 언론과 출판의 자유에 대한 가장 큰 제한이 사전검열제도라면, 집회와 시위에 대한 국가의 대표적 제한 방법이 허가제다. 우리 헌법은 허가제를 배제한다. 집회와 시위를 사전에 금지하는 조치를 전제로 하여 기본권을 원천적으로 무력화하기 때문이다. 현실적으로도 허가제는 정부가 허가 여부에 대한 권한을 쥐는 이상

행정공무원이나 경찰공무원에게 위임될 수밖에 없다. 당연히 행정상의 편의를 위해 허용보다는 거부로 향하는 경향을 갖는다. 무엇보다도 정치적 목적으로 제도가 악용된다.

최소한의 민주주의 형식과 절차를 갖고 있는 나라는 헌법을 통해 허가제를 금지한다. 대신 많은 국가에서 집회 및 시위에 대해 신고제를 실시한다. 미국은 경찰이나 시 당국이 해야 할 일을 사전에 알게 하기 위해 사전신고제를 채택하고 있다. 독일의 경우도 옥외집회에 대해서는 사전신고를 의무로 한다. 독일 연방헌법재판소는 1978년의 '집회 및 행진에 관한 법률'이 정하는 신고제도 합헌성 여부가 문제가 된 사건에서 신고 의무는 교통 규제를 원활하게 하기 위해 필요한 것으로서 경미한 제한이기 때문에 합헌이라고 판시했다.

한국도 '집회 및 시위에 관한 법률'을 통해 옥외집회의 경우 사전신고를 의무화하고 있다. 이 법에 따라 관할 경찰서장은 다음 사항에 대해 해산을 명령하도록 정한다. 공용 청사 또는 요인 저택 등 금지된 장소에서의 집회 및 시위, 법에 의한 신고를 하지 아니하거나 금지된 집회로서 금지 통고된 경우, 또는 교통 소통을 위해 필요하다고 인정되어 금지된 경우 등이다.

하지만 우리나라의 신고제가 다른 나라들의 신고제와 같은 것은 아니다. 우리나라에서 벌어지는 무분별한 제한이 다른 나라에서도 동일하게 나타나고 있지는 않다. 한국은 신고 내용으로 보아 법적으로 금지되는 요건에 해당하는 경우 사전에 금지하거나, 해산을 명령하는 체제를 취한다. 대법원은 1991년에 공공안녕과 질서유지를 위해 "미리 일정한 사항을 신고하게 하고 신고를 받은 관할 경찰서장이 제한 사항을 검토하여 일정한 경우 집회 및 시위의 금지를 통고"하는 것은 위헌이 아니라고 판결했다.

한국의 집회·시위 신고제는 사실상 허가제다

한국의 신고 법 조항은 사실상 허가제 성격이 강해서 위헌 소지가 크다. 신고에 대해 금지 통고제를 취하기 때문에 허가제나 마찬가지다. 또한 집회하는 데 필요한 도로, 공원 등의 사용도 허가받도록 하고 있어 허가제 성격이 뚜렷하다.

실제로 과거 군사정권 시절의 허가제가 민주화를 거치며 헌법 개정과 함께 신고제로 변화된 후에도 국가는 부당한 금지를 계속해왔다. 신고제가 사실상 허가제 기능을 수행해온 것이다. 정부는 껄끄러운 요구 내용이나 통치에 방해가 되는 형식의 집회 및 시위에 대해 금지 조치를 남발해왔다. 집회 및 결사를 사상과 양심의 자유를 실현할 주요 통로로 인정하고 적극적으로 보장하는 헌법 정신을 사실상 부인해온 것이다.

한국 신고제의 헌법 위반 가능성은 다른 나라의 사례와 비교하더라도 상당히 뚜렷하다. 먼저 한국의 법은 집회나 시위의 규모나 종류를 구별하지 않고 옥외집회라면 모두 동일한 적용을 받는다. 이 때문에 소수에 의한 집회나 간단한 성명 발표 정도의 작은 시위도 정부나 경찰의 구미에 따라 언제든지 금지될 수 있다. 미국의 다수 주를 비롯하여 상당수 민주국가에서 사전신고가 요구되는 것은 대규모의 집회나 시위이고, 사소한 집회나 시위는 사전신고 의무가 없다.

또한 독일은 앞에서 보았듯이 "신고 의무는 교통 규제를 원활하게 하기 위해 필요한 것"이라고 한정적인 목적을 둔다. 이 경우 신고는 옥외집회 자체가 가능한 한 원활하게 진행되도록 하고 시민의 불편을 최소화하기 위한 조치의 성격을 갖는다. 이를 위해서는 사전에 교통을 통제해야 하는데, 미리 정보를 얻어야만 조치가 가능하기에 신고제가 필요하다는 입장이다. 허가와 불허 여부를 주요 목적으로 삼는 한국과 상당한 차이가 있다.

한국의 '집회 및 시위에 관한 법률'에 따르면 법에 의한 신고를 하지 않거나 금지된 집회로서 통고된 경우 자진 해산을 요구하고 이에 응하지 않을 때는 해산을 명한 후 강제 집행에 들어갈 수 있다. 하지만 독일의 경우 신고 의무는 구체적 위험의 회피를 위한 것이고 그 자체가 목적이 아니기 때문에 신고 의무 위반이 곧바로 해산 사유가 되는 것은 아니다. 신고 없는 집회라 해도 공중의 안전 혹은 질서에 대하여 직접적인 위험이 발생하는 경우에만 해산이 정당화된다.

우리 법에 따르면 신고서를 옥외집회 또는 시위의 48시간 전에 관할 경찰서장에게 제출해야 한다. 이 경우에 사전신고가 불가능한 자연발생적 집회 및 시위를 원천적으로 금지하는 문제가 생긴다. 하지만 독일 연방헌법재판소 판례에 따르면 집회 개최의 공표와 동시에 하는 신고도 적법하다. 우리 역시 독일과 다르게 판단할 이유가 없다는 점에서 이러한 경우에는 신고 의무가 면제될 필요가 있다.

몇 가지 사례와 비교에서 볼 수 있듯이 한국의 '집회 및 시위에 관한 법률'은 헌법이 국민의 기본권으로 보장하는 집회 및 시위에 대한 자유를 지나치게 제한할 여지가 너무나 많다. 대법원이나 헌법재판소는 물론이고 그 어느 국가기관도 헌법의 현실 적용을 최소화할 권리는 없다. 특히 주권을 가진 국민이 양심에 따라 의견을 제시할 언론·출판과 집회·결사의 자유는 최대한의 원칙이 견지되어야 한다.

28 /

여성인권 과잉으로 남성이 역차별을 받는다

한국사회는 여성이 우위에 있고 오히려 남성에게 더 차별적인 면이 있어요. 과거에 오랜 기간 여성 차별이 있었던 건 사실이에요. 하지만 적어도 30대 이하 여성들은 가정이나 학교, 사회 모두에서 차별과는 거리가 멀죠. 남성과 동등하게 대우받고 경쟁해왔어요. 여성만을 위한 보호 법률이나 정책, 시설 등을 통해 많은 이익도 누립니다. 반면에 남성은 군 입대 등으로 여성에 비해 불이익을 당하는 처지고요. 여성 인권 보호가 과도해서 남성이 역차별을 당하는 겁니다.

여성은 여전히 노동시장에서 극심한 차별을 받는다

남성이 차별받는다고 느끼는 항목에는 치한으로 오인, 여성의 날, 시설 등 전용공간, 남성 이용 불가 상업시설, 여성 전용칸 등이 주로 거론된다. 예를 들어 남성의 권익을 위한다는 몇몇 단체에서는 여성부 설치 근거인 정부조직법이 위헌이라고 주장한다. 여성부는 대다수 남성에게 성 대결과 위화감을 조성하고 남성에 대한 역차별을 심화시키는 역할을 한다고 비판받는다. 지하철 여성 전용칸에 대한 불만도 종종 나온다. 일부 지역에서는 공공수영장에서 오전 시간 남성 이용을 금지해서 역차별 논란이 일어난 적도 있다. 또한 노동시장에서 여성 보호 때문에 실력 있는 남성이 불이익을 보는 일이 많다는 지적도 나온다.

하지만 현실은 일부 남성들의 불만과 전혀 다르다. 한국은 여전히 각 분야에서 여성 차별이 극심한 나라에 속한다. 여성 차별 정도를 비교할 때 세계경제포럼(WEF)에서 매년 산출하는 '젠더격차지수'가 자주 쓰이는데, 한국은 2015년 145개국 중 115위에 그쳤다. 이 지수에 불만을 제기하는 사람은 현실과 괴리가 있는 조사이기 때문에 믿을 수 없다고 한다.

젠더격차지수 측정은 경제, 교육, 건강, 정치 등 네 분야에 걸쳐 순위를 매기고 최종적으로 점수를 종합한다. 전체 연령을 대상으로 하기 때문에 젊은 연령층의 현실과 맞지 않은 면이 생길 수는 있다. 예를 들어 교육이나 건강의 경우 고연령층에서 한국이 취약한 결과가 나올 수 있기는 하다. 최근의 대학 진학률을 놓고 보면 여학생이 더 높을 정도로 교육 분야에서 여성이 낮은 점수가 나올 일이 없다.

하지만 경제 참여와 정치적 지위 등에서 낮은 점수가 나오는 것은 변명할 길이 없다. 경제적 측면에서 젠더격차지수는 전체 145개국 중 한국이 125위다. 한국 노동시장에서 여성이 받는 차별은 이미 여러 지표를 통해 확인된 바 있다. 노동시장에 참여하는 모든 사람을 대상으로 조사했을 때 여성의 평균소득은 남성의 55%로, 절반을 조금 넘는 수준에 불과하다.

이를 전일제 노동자로 한정하여 분석해도 여성 차별 사실이 달라지지는 않는다. 전일제 노동자 가운데 중간 정도 소득층을 대상으로 조사한 OECD 성별 임금 격차 통계를 보면, 한국 여성이 남성과 36.7%나 차이가 나서 압도적 수치를 보인다. 대부분의 나라가 20%

미만이다. 우리 다음으로 성별 격차가 큰 일본에 비해 10%나 높다. 미국은 17.9%이고 독일은 13.9%다. 가장 낮은 수준인 뉴질랜드와 벨기에는 각각 5.6%, 5.9%에 불과하다.

성별 직종 분리도 심각한 문제다. 남성의 일과 여성의 일이 구분되는 경향이 뚜렷하다. 대체로 보수가 높고 전문적 능력을 인정받는 직종은 남성이 담당한다. 여성은 전문직·행정직 등의 분야에서 일하는 비율이 매우 낮다. 이에 비해 대표적인 저임금 직종인 생산직·판매직·서비스직에 여성이 집중 분포한다. 같은 직종 내에서도 여성은 대체로 상대적으로 임금이 낮은 지위에 속한다.

청년층 고용률도 여성이 낮다. 2015년 경제활동인구조사 결과를 보면 15~34세 청년층 여성 고용률은 47.9%로 청년남성 고용률(54.4%)보다 6.5% 낮다. 기업의 여성 채용 기피 등 노동시장의 보이지 않는 차별도 잘 알려져 있다. 채용 시 여성 합격자 수가 제한돼 있어 결국 '남자'가 스펙 중 하나라는 말이 나올 정도다.

비정규직 노동자 중에서도 여성은 더욱 차별받는 위치에 있다. 여성이라는 이유로 비정규직 차별과 여성 차별이라는 이중의 고통을 당해야 한다. 통계청 경제활동인구조사 부가조사자료(2004~2014년)를 보면 남성 정규직 임금을 100이라 할 때 여성 비정규직 월평균 임금이 37.3%에서 35.9%로 낮아져 임금 격차가 더 심화되고 있음을 보여준다. 저임금 비중이나 최저임금 미달 등에서도 여성 비정규직이 압도적으로 많다.

여성에 대한 차별은 뿌리 깊고 다양하다

한국 여성의 정치·사회적 지위도 상당히 열악하다. 공공 분야든 민간 분야든 한국 여성의 사회 진출 현황은 다른 나라와 비교할 때 최저 수준이다. 여성 국회의원 비율은 2016년 현재 16.3%로 191개국 중 공동 111위다. OECD 평균은 28.6%다. 여자대학을 제외한 전국 191개 대학 가운데 총장이 여성인 대학도 10여 곳으로 전체의 5.2%에 불과하다.

한국 남성의 가사노동 정도도 OECD 내에서 최하위권이다. OECD의 무급노동에 남녀가 투자하는 시간 조사를 보면, 한국 남성이 조사 대상 29개국 가운데 최하위다. 하루 중 육아와 집안일 등 무급노동에 들이는 시간은 45분으로 인도, 일본, 중국 다음으로 적다. 아이 등 가족을 돌보는 시간은 10분이며, 청소와 빨래 등 가사노동에 쓰는 시간도 21분으로 꼴찌인 인도 다음이다. 덴마크는 남성의 무급노동시간이 186분, 노르웨이와 호주는 각각 184분과 172분이다. OECD 평균은 141분이다.

여성을 주로 외모로 평가하는 차별의식도 한국이 상당히 심한 편이다. 한국이 성형 천국이 된 이유도 그 밑바탕에는 이러한 차별이 작용한다. 국제미용성형학회가 집계한 '2014년 세계성형통계'에 따르면, 한국은 인구 1명당 성형수술을 가장 많이 하는 나라이며, 특히 양악 성형수술과 코 성형수술은 인구수와 상관없이 전 세계에서 1위다. 상업화된 문화자본이 외모 등 여성의 신체를 가장 중요한 경쟁력으로 삼기 때문에 이 기준에 맞추기 위해 성형수술이 만연하는 사태가 벌어진다.

성희롱이나 성추행도 여성에 대한 차별적 인식과 행동을 보여주는 지표다. 《신동아》와 리서치 기업 엠브레인이 2016년에 공동 조사한 '20대 여성의 젠더 이슈 인식'을 보면 여성 2명 중 1명은 성희롱·성추행 등 성폭력을 당한 경험이 있는 것으로 나타난다. '있다'는 응답이 20대 47.8%, 40대 43.6%로 여성이 성폭력에 노출되는 위험은 과거나 지금이나 별 차이가 없다. 2016년에 경기도가족여성연구원이 발표한 '경기도민 성평등 의식과 정책수요 조사' 결과를 보더라도 비슷하다. 경기도 거주 여성 2명 중 1명은 성희롱을 경험했다는 설문조사 결과가 나온다. 여성들은 남성보다 더 쉽게 그리고 더 자주 범죄에 노출된다는 생각을 갖는다. 20대와 40대 모두 90%가 훌쩍 넘는 비율로 '그렇다'고 답한다.

29 /

사형제를 유지해야 강력 범죄가 억제된다

흉악한 범죄를 예방하려면 사형제로 경각심을 불러일으켜야 해요. 범죄자들이 제일 두려워하는 게 무거운 처벌이니까요. 사형은 강도, 살인 등 강력 범죄를 억제하고 범죄가 더 잔인해지는 것도 제어하죠. 사형제를 폐지하면 무기징역이 최고법정형이 될 텐데, 어차피 최고형을 감수하는 흉악범으로서는 생명이 보장되기 때문에 더 참혹한 범죄를 저지르게 될 거예요. 사형은 흉악범으로부터 대다수의 생명과 신체를 보호하기 위한 중요한 법적 수단이에요.

사형제도가 강력 범죄를 줄이는가?

한국은 1997년 사형 집행 이후 더 이상의 사형이 이루어지지 않고 있어 국제엠네스티가 '실질적 사형폐지국'으로 분류한다. 현재 사형을 폐지한 102개 '완전 사형폐지국', 법은 있으나 10년 이상 집행하지 않은 31개 '실질적 사형폐지국', 64개 '존치국가'가 있다. 한국은 1949년 첫 사형 이래 1997년까지 919명의 사형을 집행했다. 정권별 사형 집행을 보면 이승만 339명, 윤보선 49명, 박정희 378명, 최규하 6명, 전두환 76명, 노태우 60명, 김영삼 11명이다.

1998년 이후 사형 집행은 전무하지만 사형제도가 있어서 교도소에 있는 58명의 사형수에 대해 정권의 판단에 따라 언제라도 사형 집행이 가능하다. 한국 헌법재판소는 사형제를 합헌이라고 판단했다.

1996년에는 재판관 9명 중 7명, 2010년에는 재판관 5명이 합헌 의견을 냈다. 2010년에 위헌 의견이 4명으로 늘었는데, 당시 헌재는 "위헌 여부는 헌재가 결정하지만 존폐는 민주적 정당성을 가진 입법부가 결정할 정책 문제"라고 했다.

사형제 찬성 관점에서는 사형이 극악 범죄를 막는 최소한의 법적 장치라고 한다. 한국의 범죄가 갈수록 잔인해지고 흉포해지면서 반인류적 성격도 심해지고 있다는 지적이 많다. 강도·살인·강간 등 흉악 범죄의 증가는 지난 20년 가까이 한국에서 사형이 집행되지 않은 것과 무관하지 않다는 문제의식이 밑바탕에 깔려 있다.

하지만 사형 집행과 강력 범죄 예방은 통계적으로 설명하기 어렵다. 사형 찬성 입장은 흔히 사형제 부활 이후 미국 살인범죄율 감소를 예로 든다. 텍사스 휴스턴에서 1982년 사형 집행을 부활하면서 살인 범죄가 줄었다는 것이다. 역사적 사례를 보면 전혀 다른 결과도 얼마든지 발견된다. 1760~1870년까지 영국에서는 판사 재량으로 소매치기에도 사형을 선고할 수 있어서 잡범에 대한 공개교수형이 자주 집행됐지만 범죄율은 치솟았다. 범죄율 감소는 1839년에 경시청이 설립되고 체계적으로 순찰을 돌면서 시작되었다고 한다.

지난 수십 년의 경험을 봐도 그러하다. 과거 서독은 사형제를 폐지했으나, 범죄가 증가하지 않았다. 캐나다는 1975년 사형제 폐지 직전 10만 명당 3.09명이 살해됐으나 1980년에는 2.41명으로 오히려 줄었다. 10년 뒤에도 2.19명으로 감소했다. 미국 델라웨어 주에서는 사형제 폐지 후 4년 만에 부활했는데 오히려 살인사건이 늘었다. 결국 미국의 살인범죄 감소는 사형제 폐지가 아닌, 다른 요인이 개입했을 가능성이 있다.

프랑스 철학자이자 문학가인 알베르 카뮈가 《단두대에 대한 성찰》에서 제기한 다음 내용은 좋은 참고가 된다. "사형이 본보기가 되기를 원한다면 더 많은 사진을 찍어서 보여주어야 할 뿐 아니라, 대낮에 콩코드 광장의 처형대 위에 단두대를 설치하고 전 국민을 초대해야 하며, 불참자에게는 사형 집행 장면을 TV로 보여주어야 한다."

사형 집행에 대한 두려움이 범죄율을 낮춘다는 논리대로라면 마치 금연을 위해 담배에 폐암으로 끔찍하게 변형된 인체 사진을 넣듯이 공개 처형으로 사형 장면을 보여주거나 사형 집행 후의 신체 상태를 보여줘야 한다. 하지만 전통사회든 현대사회든 공개처형이 범죄율을 낮춘다는 일관된 근거를 찾기 어렵다. 카뮈는 사형 집행이 주는 공포 효과를 강조하는 사람들 자신도 그 효과를 믿지 못하기 때문에 이를 주장하지 못한다고 비판한다.

사형이 강력 범죄를 막기보다는 오히려 역효과를 내는 경우도 많다. 강도범들을 사형시키는 제도하에서 범인들은 체포 가능성을 낮추기 위해 범죄의 강도를 더 높이게 된다. 유괴 범죄도 마찬가지다. 유괴범을 극형으로 처벌하면서부터 유괴 후 살인 경향이 일상화되었다. 만약 대부분의 강간범을 사형으로 처벌한다면 강간 후 살인이 더 일반적 현상으로 나타날 것이다. 적어도 강력 처벌 일변도의 대처, 사형제 도입 등이 만병통치약이 아니라는 점은 분명하다.

사형제에는 여러 문제점이 있다

사형제는 범죄 예방 효과 외에도 여러 측면에서 논란이 된다. 먼저 생명권을 둘러싼 논란이다. 사형제 찬성자들은 흉악범이나 살인을 한 범죄자는 타인의 생명과 존엄성을 짓밟음으로써 자신의 권리를 포기했으므로 그의 생명을 존중해줄 필요가 없다고 주장한다. 하지만 범죄자가 타인의 생명과 존엄성을 짓밟았다 하여 공권력이 생명을 제거한다면 범죄자와 다를 바 없다. 살인범죄를 저질렀으니 범죄자의 생명도 빼앗아야 한다는 사고방식은 '눈에는 눈'이라는 전근대적 형벌 논리에 불과하다.

근대 형법학의 아버지로 불리는 체사레 베카리아가 1764년에 《범죄와 형벌》에서 주장한 다음 내용은 현대사회에도 여전히 설득력을 지닌다. "법은 살인을 방지하는 데 존재 가치가 있어야 하는데 오히려 법이 살인을 허락하고 있다. 어떻게 모든 가치의 최고인 생명을 빼앗을 권능을 국가에 양도했다고 할 수 있는가. 국가는 개인의 욕망을 조용히 누그러뜨리는 조절자 역할을 해야 한다." 형벌의 목적은 잔혹한 보복이 아니라 방지에 두어야 한다는 주장이다.

잘못된 판결 가능성도 현실적인 문제다. 사형을 집행하면 추후 오판이 밝혀져도 회복 불가능하다는 문제가 생긴다. 사형제 찬성자들은 지방법원, 고등법원, 대법원이라는 세 번의 재판 절차를 마련해 신중하게 판결하기 때문에 오판 가능성이 거의 없다고 한다. 오판이 희박하기에 감수하자는 주장은 극소수의 희생은 상관없다는 전체주의 논리다. 나아가서 희박하다는 주장 자체가 현실에 눈감는 짓이다.

근대적 재판제도를 갖추고 있는 미국의 사형수 통계에 따르면 같은 살인범죄자 중에서도 백인보다 흑인과 히스패닉, 부자보다 가난한 사람, 교육을 많이 받은 사람보다 그렇지 않은 사람, 지위가 높은 사람보다 낮은 사람이 더 많다. 흑인이 백인을 죽였을 경우 사형을 선고받을 확률이 매우 높지만 반대로 백인이 흑인을 살해했을 때의 사형 선고율은 상당히 낮아진다. 사회적 강자보다 약자가 사형 판결을 받는 경우가 많다는 것은 그만큼 현대사회에서도 오판이 상당히 폭넓게 나타난다는 점을 잘 보여준다.

사형제의 대안으로 많은 국가에서 가석방 없는 종신형을 선택한다. UN은 1998년에 관련 보고서를 통해 사형제가 종신형보다 더 효과적인 범죄 예방 수단임을 증명하는 데 실패했다고 결론 내린 바 있다. 용서할 수 없을 정도로 잔인한 흉악범이고 사회와의 격리 외에 다른 방법이 없다고 판단될 경우 종신형이 적절하다. 한국만 해도 무기징역형이 있기 때문에 이를 보완하여 사용하면 될 일이다.

30

CCTV를 많이 설치해야 범죄가 줄어든다

범죄를 획기적으로 줄이는 CCTV에 왜 시비를 걸어요? 잘 알려져 있듯이 CCTV는 범죄 예방 및 억제 효과가 있을 뿐 아니라 범인을 발견해 체포한 성과도 상당해요. 게다가 시민들이 범죄에 대한 두려움을 덜 갖는 데 도움도 되고요. 한정된 경찰 인력으로 큰 효과를 낼 수 있죠. 그러므로 CCTV는 많이 설치할수록 좋아요. 개인 주택 내부라든가 지극히 사적인 공간을 제외하고, 동네 작은 골목길을 포함하여 어디에든 설치해야죠.

CCTV가 범죄를 줄이는가?

한국은 CCTV가 많이 설치된 나라인가? 관련 업계에 따르면 현재 전 세계적으로 CCTV 설치대수는 공공용과 민간용을 합하여 3000만 대 이상으로 추정된다. 설치대수가 압도적으로 많은 국가로 흔히 영국과 미국을 꼽는다. 영국은 440만 대 이상이다. 런던의 경우 14명당 1대 꼴로 평균 30초에 한 번씩 노출되는 셈이다. 미국은 약 1500만 대로 20명당 1대다.

한국 안전행정부 자료에 따르면 약 400만 대이고, 공용 36만 대, 민간용 350만 대로 추정된다. 차량용 블랙박스까지 포함하면 약 1100만 대에 이를 것으로 보안업계는 추정한다. 국가인권위원회의 2010년 조사에 따르면 수도권 시민은 9초에 한 번, 하루 평균 80~110회 CCTV에 포착된다. 지난 몇 년간 CCTV가 대폭 늘어났으므로 그 정도가 더 심해졌다고 봐야 한다.

지방자치단체에서 방범용 CCTV를 설치하기 시작한 것은 그리 오래된 일이 아니다. 2002년 강남경찰서와 강남구청 간 협의를 통해 논현동 지역에 5대를 설치해 운영한 것이 처음이다. 2015년 현재 지자체 설치 CCTV는 14만1687대다. 2010년에 3만5107대였으니 5년 만에 무려 4배나 증가했다. 주요 지역을 보면 서울이 2만3323대, 경기 4만1870대, 부산 3954대, 대구 4167대, 광주 3372대, 대전 3574대 등이다. 이 가운데 70% 이상이 방범용이다.

방범용 CCTV를 활용하여 2012년에 형사범 608명 검거, 수배자 및 도난 차량 회수 등을 포함해 총 1115건의 성과를 거두었다. 이 수치는 2013년도 1258건, 2014년도 2095건으로 매년 증가했다. 2015년 범인 검거는 2014년도 동기간 대비 34%가 증가했다. 하지만 방범용 CCTV의 범죄율 감소 효과에 대해서는 회의적 견해가 많다. 사후 범인이나 수배자 검거에는 일정한 효과가 있지만 범죄 예방 효과는 거의 없다는 지적이 많다. 범죄 예방 효과가 확실하다면 방범용 CCTV가 본격 도입된 지난 10년 사이에 범죄율이 의미 있는 감소를 보여야 한다.

경찰청이 발표한 지난 10년간(2005~2014년) 5대 강력 범죄 발생 현황을 보면 살인, 강도, 강간·강제추행, 절도, 폭력 등 5대 범죄가 119% 정도 증가한 것으로 나온다. 이 가운데 살인과 강도는 다소 감소한 데 비해, 생계형 절도는 141% 증가했다. 특히 강간·강제추행은 289%로 모든 범죄 중에서 가장 높은 증가율을 기록했다. 총범죄율을 봐도 2011~2015년 사이에 평균 1.6%씩 증가 양상을 보인다. 10만 명당 발생 건수인 발생비로 봐도 주요 범죄는 증가 추세다. 형법범죄의 발생비를 보면 2005년 1663건에서 2014년 1979건으로 증가했다. 강력(흉악) 범죄 발생비도 2005년 40건에서 2014년 66.5건으로 꾸준히 증가했다.

영국에서도 비슷한 논란이 일어났다. 범죄 예방 예산의 78%가 CCTV 설치와 운영에 투입되는데 효과는 지극히 미미하기 때문이었다. 한국도 비용 대비 효과라는 점에서 논란을 비켜 가기 어렵다. 매년 거액의 설치와 유지 비용이 들어가기 때문이다. 경찰청에 따르면 2016년 한 해에만 3000대의 방범용 CCTV 추가 설치 계획이 있었는데, 경찰청과 국민안전처는 관련사업 예산으로 346억 원을 확보했고 지자체와의 협력을 통해 약 700억 원의 예산 계획을 수립했다. 한 해 추가 비용만 이 정도로 엄청난데 강력 범죄는 계속 늘어나고 있다.

골목길 CCTV는 프라이버시 침해와 무관한가?

대한민국 헌법 제17조는 "모든 국민은 사생활의 비밀과 자유를 침해받지 아니한다"고 규정한다. 사생활에 관련된 권리를 두 가지로 나누어 보장한 것이다. 먼저 사생활의 비밀은 사적인 생활 영역이 자신의 의사에 반하여 외부에 노출되지 않도록 보호받을 권리다. 인간은 누구나 남에게 보여주고 싶지 않은 내밀한 생활 영역을 갖고 있기 마련이다. 당사자가 원하지 않을 때 외부에서 사생활을 들여다본다면 인격 침해 상황이 벌어진다. 다음으로 사생활의 자유는 자기만의 감정과 정신에 따라 고유한 삶과 생활 방식을 선택할 수 있는 권리를 의미한다. 누구나 간섭이나 방해를 받지 않고 존중받으면서 자기가 선호하는 생활을 누리려 한다.

사생활의 비밀과 자유 침해는 인격과 존엄성의 훼손이라는 점에서 인권문제와 직접 연관된다. 1948년의 '세계인권선언'도 제12조에서 이를 중요한 내용으로 다룬다. "어느 누구의 프라이버시, 가정, 주택 또는 통신에 대해서도 타인이 함부로 간섭해서는 안 되며, 어느 누구의 명예와 평판에 대해서도 타인이 그것을 침해해서는 안 된다. 모든 사람은 그러한 간섭과 침해에 대해 법의 보호를 받을 권리가 있다."

사생활은 생활 방식 영역만으로 한정되지 않는다. '프라이버시'라는 표현에서 알 수 있듯이 사적 영역 전체가 포괄된다. 개인의 얼굴과 몸 등 신체는 물론이고 이름·음성, 나아가서는 정신활동과 신체활동 정보에 이르기까지 사생활과 연관된 인격적 요소 전반이 해당된다. 관공서는 물론이고 은행, 백화점, 지하철, 철도역, 편의점, 직장, 학교, 길거리, 심지어 동네 작은 골목길에 이르기까지 구석구석에서 국민의 일상을 지켜보고 기록하는 CCTV는 프라이버시 침해와 관련하여 세계적인 논란거리다.

게다가 정보기술의 발달과 함께 CCTV가 지능형 영상감시 기능을 갖추면서 전 국민을 효과적으로 관리·통제하는 기능이 획기적으로 강화되었다. 2014년 9월 미국 연방수사국(FBI)은 초고속으로 범죄자나 특정인의 신원을 확인할 수 있는 '안면인식시스템'을 본격적으로 가동했다고 발표했다. 이 시스템은 홍채, 목소리, 손금, 걸음걸이 등을 자동 인식해 특정 인물을 조회할 수 있다. 2015년 6월 한국표준과학연구원(KRISS)은 60m 거리에서도 얼굴을 확인하는 첨단 CCTV를 개발했다고 밝혔다. 열적외선 카메라가 사람의 위치를 포착하면 이동추적장치가 그 위치에 서 있는 사람의 얼굴을 포착해 확대하는 기능도 있다.

우리는 정보나 행동을 관리·감시하는 그들을 볼 수 없지만 그들은 일상적으로 우리를 관리한다. 여기에 핸드폰 위치 확인 기술까지 결합되어 국가가 원하기만 하면 개인이 어디에서 누구와 무엇을 하는지 언제든지 감시할 수 있다. 현대사회에서 사생활의 비밀과 자유는 국가가 개인의 일상까지 파고들어 관리·통제하고 정보기술이 효과적으로 뒷받침해주는 조건에서 위태로운 상황에 놓여 있다.

그러므로 CCTV 설치를 그저 경찰이나 행정기관이 알아서 할 일로만 치부할 수는 없는 노릇이다. 사적인 시설이나 공간에 CCTV를 설치하는 일이야 간섭할 수 없다고 해도, 공공의 공간은 다른 차원의 문제다. 특히 개인의 생활과 밀접히 연관된 동네 뒷골목마다 CCTV 설치를 강제하는 정책은 사생활의 비밀과 자유 침해 여지가 매우 높다는 점에서 진지한 검토가 필요하다.

31 /

여성의 노출이
심해서 성범죄가
늘어난다

한국사회에서 성범죄가 급격히 늘어나고 있어요. 성범죄 증가에는 여러 이유가 있지만 지난 10여 년 사이에 여성들의 신체 노출이 노골화된 점도 무시 못 해요. 많은 여성단체가 노출과 성폭력 범죄의 상관관계를 부정하지만 이는 현실에서 눈을 돌리는 짓이죠. 왜 여성의 과도한 노출이 두드러지는 여름에 성범죄가 늘어날까요? 몰래카메라 범죄가 여름철에 가장 많이 발생하는 것도 마찬가지죠. 외출할 때 노출이 심한 옷 입는 것을 자제해야 성범죄를 예방할 수 있어요.

여성의 신체 노출이 성범죄의 원인인가?

한국에서 성폭력범죄가 늘어나고 있다. 대검찰청 통계에 따르면 2014년 성폭력 발생 건수는 2만9863건이다. 2005년 1만1757건, 2009년 1만6156건, 2011년 2만2034건 등 지속적 증가 추세다. 인구 10만 명당 범죄 건수인 발생비로 봐도 마찬가지다. 2004년 28.3건에서 2014년 59.2건이다. 성폭력범죄의 경우 공식 통계에 잡히지 않는 '범죄인 암수율'이 87.5%에 이르는 점을 고려할 때 실제로는 매년 15만 건 이상으로 추정된다.

가장 흉악한 성범죄인 강간범죄 발생률을 놓고 국가 간 비교를 하면 한국이 상당히 높다. 국제형사기구의 20개 주요 국가 범죄통계에 따르면 한국이 미국, 스웨덴에 이어 3위다. 국가마다 성범죄 신고율도 다르고 통계 산정 방식도 달라서 정확한 비교는 어렵지만 한국이 상당한 정도에 이른다는 점은 어렵지 않게 판단할 수 있다. 게다가 한국은 유교적 전통이 강하고 성범죄 피해자인 여성에게 곱지 않은 시선을 보이는 경향 때문에 OECD에 속한 다른 나라에 비해 성범죄 신고율이 낮다고 봐야 한다. 실제 일어난 강간범죄는 더 많을 것이다.

성범죄 증가 원인으로 등장하는 단골 논리는 여성의 신체 노출이다. 이를 뒷받침하는 근거로 여름철에 성범죄가 많이 발생한다는 점을 든다. 대검찰청의 2006~2010년 성범죄 발생 현황을 보면 봄 25%, 가을 24%인 데 비해 여름이 31%로 가장 많다. 여름이 다른 계절에 비해 여성의 노출도가 높고, 이 때문에 성범죄율도 높아진다는 주장이다.

이 주장이 성립하려면 여름철 성범죄 발생 건수가 다른 계절에 비해 유의미한 수준으로 뚜렷하게 높아야 하고, 그 경향이 일관되게 나타나야 한다. 그리고 여성의 노출이 문제라면 성범죄 원인이 범죄자의 우발적인 충동이라는 점이 분명해야 한다. 하지만 다음 몇 가지 점에서 모두 설득력이 떨어진다.

먼저 여름의 31%가 여성의 노출을 성범죄의 주요 요인으로 꼽을 정도의 분명한 격차인지 자신 있게 말하기 어렵다. 게다가 일관된 현상이라고 확신하기도 어렵다. 성범죄 가운데 강간범죄로 한정된 수치이기는 하지만 2002~2007년의 발생 건수를 계절별로 비교하면 경향성은 살필 수 있다. 여름이 28.0%로 봄의 25.2%나 가을의 26.7%에 비해 약간 높긴 하지만 노출과의 상관성을 논할 정도로 유의미한 차이라고 보기는 어렵다.

이 정도의 차이라면 일조시간 증가로 여름의 야외활동 시간이 길다는 점, 더위 때문에 현관문이나 창문을 열어놓는 일이 많다는 점 등 계절적 특징이 작용한 정도로 이해해도 큰 무리는 없을 듯하다. 특히 여성의 옷차림이 성범죄를 유발한다면 여름철에는 성범죄 피해자 가운데 연관성이 높은 20~30대 여성의 비율이 더 높아져야 하는데 실제로는 계절별로 피해 여성의 연령분포에 차이가 없다.

무엇보다도 성범죄가 우발적 성격을 갖는지와 관련해서는 상반된 자료가 더 많다. 형사정책연구원이 2016년에 서울·인천 전자발찌 부착자를 대상으로 조사한 결과를 보면 계획적 성범죄가 67.7%에 이른다. 우발적 범죄 32.3%보다 2배 이상 많다. 범행 장소가 피해자 주거지(36.3%)인 경우가 공공장소(18.6%)나 노상(8.1%)인 경우보다 훨씬 많기도 하다. 노출이 심한 여성의 옷차림을 보고 충동적으로 범죄를 저질렀다는 주장과는 상반된 범죄 유형이다. 범죄자가 대상을 정하고 계획적으로 범행을 저질렀다는 의미가 된다.

야한 옷차림과 상당한 거리가 있는 여교사들이 성희롱·성폭력에 자주 노출되는 경향을 봐도 마찬가지다. 전국교직원노동조합이 2016년 전국 유치원과 초·중·고등학교에 근무하는 여교사 1758명을 대상으로 설문조사를 한 결과 70.7%가 교직 생활 중 성희롱·성폭력 피해 경험이 있었다고 밝혔다. 가해자들은 교장·교감 등 관리자가 제일 많고 동료교사가 뒤를 잇는다. 충동에 의한 우발적 원인보다는 권위적 관계에 의한 유린 성격이 강하다.

한국에서 성범죄가 늘어나는 이유는 무엇인가?

경찰은 여성이 노출과 밤늦은 귀가를 자제하는 것을 성범죄 예방 대책으로 자주 내놓는다. 이는 범죄의 책임을 피해자인 여성에게 돌린다는 비판을 피하지 못한다. 범죄의 원인 분석은 가해자인 남성의 왜곡된 성인식이 어떻게 형성되었는지, 일탈이나 범죄 행동으로 연결되도록 만드는 환경적 요소에는 어떤 것이 있는지를 찾아내는 데 초점을 맞춰야 한다.

성범죄는 남성의 권력 문제로 봐야 한다. 가부장적 요소가 강한 사회에서 남성들이 갖는 우월의식이 크게 작용한다. 여성을 성적으로 유린함으로써 남성의 강한 힘과 지위를 보여줄 수 있다는 왜곡된 사고방식과 사회·문화적 조건이 큰 영향을 미친다. 한국은 극단적인 가부장제 사고방식을 담고 있는 유교의 영향력이 아직도 강하다. 그런 환경에서 성범죄가 상당히 자주 나타나는 것은 우연이 아니다.

성범죄의 원인은 개인이 아니라 사회적 차원에서 찾아야 한다. 무엇보다 성차별적인 사회구조가 문제다. 성차별이 심한 사회에서 여성에 대한 성희롱·성폭력이 늘어나기 마련이다. 국가기구나 직장을 비롯하여 사회 각 분야에서 여성을 열등한 존재로 보기 때문에 여성을 정신적·신체적으로 함부로 대해도 된다는 왜곡된 의식이 자라는 것이다. 성범죄를 줄이기 위해서는 사회 전반적인 여성 차별 구조를 허물어뜨리는 것이 가장 중요하다.

초·중·고등학교의 성교육 부재도 주요한 사회적 원인 가운데 하나다. 성에 대한 논의 자체가 금기처럼 되어 있는 한국의 교육과정이 왜곡된 성의식을 낳는다. 청소년기의 성에 대한 관심과 욕구는 신체적·정신적으로 자연스러운 일이다. 하지만 한국 교육에서는 공부나 입시에만 집중하고 성은 나중에 성인이 되어서 관심을 가져야 하는 것으로 치부한다. 청소년을 성의 주체로 인정하지 않는다. 성에 관심을 가지면 불량학생이라는 딱지가 붙기 십상이다. 그 결과 성행위가 강제가 아닌 동의에 기초한 자연스러운 행위이자 서로 동등한 주체로서의 소통이라는 점이 무시되고, 청소년들은 음성적인 방법으로 잘못된 성지식을 갖게 된다.

사회 곳곳에 깊이 뿌리내리고 있는 왜곡된 성문화도 큰 문제다. TV 등 대중매체에서 여성을 인식과 행위의 주체라기보다는 남성에 종속된 소극적·수동적 존재로 다루는 경향이 다분하다. 여성의 가치를 외모와 신체를 중심으로, 성적 이미지와 대상으로 사고하도록 부추긴다. 심지어 많은 드라마에서 주인공 남성이 여성에게 동의를 얻지 않고 신체 접촉을 해도 남자다운 행위로 포장된다. 이렇게 왜곡된 성문화는 성희롱이나 성폭력 행위를 해도 큰 문제가 아니라는 그릇된 사고방식이 자리 잡는 데 적지 않은 영향을 준다.

32

명예훼손을 처벌해야 인권이 보호된다

명예훼손은 정신적 살인에 해당해요. 반박할 여지도 없이 마녀사냥이 전개되고 상대방은 회복 불가능한 피해를 입죠. 대중매체나 인터넷을 통해 허위사실을 유포하거나 인신공격을 하면 대중에게 사실처럼 굳어집니다. 반론권이 제대로 보장되지도 않고 설사 보장된다고 해도 이미 죄인처럼 되어버려요. 평생 쌓은 명예가 하루아침에 송두리째 날아가죠. 공인이나 대중에게 잘 알려진 인물이라는 이유로 인격 파괴를 감당할 이유는 없습니다. 강력한 법적 처벌을 통해 인권을 보호해야 해요.

명예훼손 명목의 처벌이 당연한가?

한국에서는 명예훼손으로 고발하면 형사재판에 회부된다. 형법은 제307조 1항에서 "공연히 사실을 적시하여 사람의 명예를 훼손한 자는 2년 이하의 징역이나 금고 또는 500만 원 이하의 벌금에 처한다"라고 정한다. 2항에서는 "공연히 허위의 사실을 적시하여 사람의 명예를 훼손한 자는 5년 이하의 징역, 10년 이하의 자격정지 또는 1000만 원 이하의 벌금에 처한다"라고 한다.

허위사실만이 아니라 사실을 적시해도 상대방이 명예가 실추되었다고 여기면 소송을 당한다. 더군다나 고소당한 사람은 재판에서 해당 사실 공표 행위가 '공공의 이익'에 부합하는지 여부를 증명해야 한다. 형법은 제310조에서 "제307조 제1항의 행위가 진실한 사실로서 오로지 공공의 이익에 관한 때에는 처벌하지 아니한다"라고 규정하고 있기 때문이다.

책이나 대중매체 등을 통해 글을 쓰는 작가나 기자, 방송인들은 누군가에 대해 비판적인 내용을 다루는 기회가 많다. 인터넷이 일상화된 조건에서 블로그나 SNS를 통해 견해를 밝히는 기회도 많다. 그러다가 어느 순간 누군가를 불쾌하게 만들어서 형사재판 피의자 신분으로 검찰이나 재판정에 출두하는 일이 생길 수 있다.

이런 일이 우리에게 워낙 빈번해서 다른 나라에서도 흔히 벌어질 거라고 생각하면 큰 착각이다. 명예훼손 처벌은 말 한 번 잘못하면 피해자가 처벌을 원하지 않는다고 말하지 않는 이상 다 걸린다는 점에서 형법의 처벌 범위가 지나치게 확장되는 문제점을 안고 있다. 나아가서 헌법이 보장하는 표현의 자유에도 어긋나기 때문에 명예훼손에 대한 형법상 처벌에 부정적인 나라가 많다.

UN, 미주기구, 유럽안보협력기구는 2002년에 "표현의 자유를 제한할 수 있는 형법상 명예훼손은 정당화할 수 없다"라는 공동성명을 발표했다. UN 인권위원회 역시 2002년에 명예훼손의 범죄 취급은 언론의 자유에 위배된다는 입장을 밝혔다. 그렇기 때문에 유럽 대부분의 국가는 명예훼손에 대한 형법상의 처벌 조항이 없거나 사문화되어 있고, 민사적 조치나 반론권, 행정적 삭제 조치 등으로 보완한다.

몇몇 나라에 아직 형법상 명예훼손죄가 있지만 현실 적용은 한국과 판이하다. 미국의 17개 주는 명예훼손을 형법으로 다루는데, 1965년부터 2004년까지 명예훼손으로 유죄 판결을 받은 사례는 미국 전역에서 16건에 불과하다. 뉴욕, 캘리포니아, 일리노이, 텍사스 등 다수의 주에서는 명예훼손 처벌 조항이 위헌 처분되거나 자발적으로 폐기되었다. 일본에서도 명예훼손 유죄 판결은 찾아보기 어렵다. 유럽의 몇몇 나라에도 있지만 거의 적용되지 않는, 사실상 죽은 법이다. 다만 독일에서는 명예훼손죄 조항이 남아 있는데, "적시된 사실이 진실한 것으로 확인될 시 벌하지 아니한다"라고 되어 있어서 허위사실만 처벌 대상이다. 범죄로 처벌하는 국가는 그리스, 터키, 이탈리아 등 민주주의가 상대적으로 취약한 나라들이다.

하지만 한국에서는 명예훼손 기소 사건이 한 해에 7000~8000건을 넘고, 계속 늘어나는 중이다. 2011년에 UN 인권이사회 특별보고관은 한국에 형법상 명예훼손죄 삭제를 권고했다. 하지만 한국 정부와 다수 정치세력은 명예훼손을 범죄로 처벌하는 데 집착해왔다. 비슷한 UN 권고에 따라 스리랑카, 가나 같은 나라들은 형법상 명예훼손죄를 폐지했다. 명예훼손 명목의 형사 처벌은 국제사회의 사례를 볼 때 전혀 일반적이지 않다. 오히려 비정상으로 취급되고 있으며, 특히 한국처럼 한 해에 수천 건 이상씩 남발되는 나라는 찾아보기 어렵다.

명예훼손에 대한 형사 처벌이 인권을 약화시킨다

명예훼손 처벌을 담은 형법은 인권 확대는커녕 국제적으로 민주주의 기준에 역행하고 언론의 자유를 무력화하는 대표적 악법에 속한다.

헌법이 기본권 제한 요건으로 명시하는 '명백하고도 현존하는 위험'
과는 무관하게 국가에 의해 제한이 남발되는 주요 통로다.

몇 년간 《이코노미스트》한국 특파원으로 활동한 다니엘 튜더의
《익숙한 절망, 불편한 희망》을 보면 명예를 빌미로 얼마나 노골적·일
상적 자유 침해가 일어나는지를 알 수 있다. "한국에 있는 외신기자라
면 누구나 놀라는 것이 있다. 바로 명예훼손법이다. (…) 명예훼손으
로 유죄판결을 받으면 막대한 손실이 따르기 때문에 개인적으로 커다
란 위험을 감수하지 않고서는 쉽사리 나서서 진실을 말할 수 없다. 이
는 민주주의를 위협한다."

그가 보기에 '불완전한' 민주주의 국가나 독재정권에서 명예훼손
을 심각한 문제로 취급하는 것은 우연이 아니다. 권력자 비판을 주저
하게 만드는 '위축효과'를 만들어내기 때문이다. 한국에서는 5년의 징
역형까지 선고받을 수 있으니 위축을 넘어 아예 언론에 재갈을 물리
는 효과로 나타난다. 그는 한국의 정치문화가 성숙하지 못해서 엄격
한 법이 필요하다는 핑계에 대해서는 자국을 폄하하고 서방 국가를
특별 취급하는 논리일 뿐이라고 비판한다.

명예훼손이 정치적 목적으로 쓰이는 것은 지극히 부분적인 부작용
일 뿐이라고 지적한다면 현실을 제대로 보지 못하는 단견이다. 미국의
다수 주의 사법부나 입법부에서 자발적으로 명예훼손죄를 폐기한 이
유는 그간의 형사상 명예훼손의 절반가량이 권력자가 검찰을 동원하
여 비판적 개인을 탄압하려는 시도였다는 연구 결과가 크게 작용했다.

한국 정부는 명예훼손죄를 적극 활용해, 정부 비판 세력을 쉬지 않

고 고소한다. 각종 비리나 부도덕한 행위를 저지르고도 이를 폭로하는 언론이나 시민단체의 비판을 명예훼손으로 고소하여 봉쇄하는 도구로 쓰인다. 대부분 정부에서 직접 문제 삼거나 보수단체가 고소하고 검찰이 즉시 수사를 시작하는 수순으로 이어진다.

재판 과정에서 진실임이 밝혀지면 되는 것 아니냐고 할지 모르지만 우리 형법은 "사실을 적시하여 사람의 명예를 훼손"한 경우도 처벌 대상으로 한다. 다시 '공공의 이익'임을 증명하면 될 일 아니냐고 한다면 순진한 발상이다. 설사 공익을 증명하기 쉬운 사안이라 하더라도 법원 판결을 기다려야 한다. 무죄 판결이 나더라도 고발인이 불복하여 3심 재판까지 연장하면 어쨌든 그 기간 동안 입에 재갈을 물리는 효과는 지속된다.

명예훼손으로 상대방을 고소하는 사람은 사회적 강자 위치에 있는 사람이기 마련이다. 정부나 정당의 주요 정치인, 판사나 검사, 대기업 총수나 대형병원 의사 등이 자신을 비판하는 개인이나 단체를 상대로 문제를 삼는다. 명예훼손을 명목으로 한 권력자나 강자의 자기 이익 보호를 법적으로 보장할 때 사회 전체적 인권은 오히려 후퇴한다. 한국에서 인권과 양심의 자유가 실현되기 위해서는 훨씬 더 폭넓은 언론·출판의 자유가 보장되어야 한다.

33 /

한국은 변호사가 너무 많다

한국은 인구에 비해 변호사가 너무 많아서 포화 상태를 넘어섰어요. 이미 2만여 명에 이르고 매년 2000명 이상이 신규 변호사로 등록하고 있으니 말입니다. 변호사 수가 과잉일 경우 덤핑 경쟁으로 법률 서비스의 질적 저하가 나타나죠. 이로 인해 소비자가 피해를 볼 뿐만 아니라 국가적 손해도 발생해요. 로스쿨 제도 도입 당시 세계화로 법률 수요가 폭발적으로 증가하리라 예상하고 변호사 수를 대폭 늘린 게 문제입니다. 변호사 시험 합격자 수를 지금의 절반 수준까지 줄여야 해요.

한국이 다른 나라에 비해 변호사가 많은가?

2016년 대한변호사협회에 등록된 변호사 수는 2만1776명으로 10년 전에 비해 2.6배가 늘었다. 변호사 1인당 인구수가 약 2500명에 이른다. 과거 사법시험 시절에는 매년 970명의 신규 변호사가 배출되었지만 로스쿨 제도가 도입된 뒤부터는 2000명이 넘는다. 변호사 수가 늘어난 만큼 변호를 맡는 사건의 수가 준다. 서울변호사회 변호사의 연평균 수임 건수는 2006년에 30건 이상이었다. 하지만 현재는 20건 정도에 불과하다. 갈수록 대형 로펌 의존도가 높아지면서 일반 변호사, 특히 신참 변호사들은 큰 곤란을 겪는다.

한 달에 200만 원도 못 버는 변호사도 속출한다. 국세청 자료에 따르면 2015년 개인사업자로 등록한 변호사 중 연간수입 2400만 원 이하 신고가 17.8%다. 2009년 14.4%에서 2011년 16.1%, 그리고 현재에 이르기까지 계속 증가 추세여서 앞으로 사정은 더욱 어려워질 전망이다. 그 결과 사건 수임을 위해 법조 브로커가 기승을 부리는 부작용은 물론이고 덤핑으로 인해 저품질의 법률 서비스가 공급될 수 있다는 우려가 나온다.

한국이 다른 나라에 비해 변호사가 많다는 입장에서는 보통 일본과의 비교 수치를 예로 든다. 2015년 현재 총 변호사 수를 보면 일본이 3만6470명이고 한국이 1만8947명이다. 변호사 1인당 인구수로 보면 일본이 3485명이고 한국이 2127명이어서 한국이 과잉이라는 것이다. 이들은 일본이 우리보다 GDP가 4배 수준에 이르는 경제대국임을 고려할 때 한국이 변호사가 지나치게 많다고 주장한다.

하지만 일본만을 대상으로 한 비교는 왜곡된 사실을 전달한다. 일본과 한국은 변호사 수에서 OECD 국가 중 최하위권이다. 유럽 등 다른 나라와 비교하면 전혀 다른 결과를 보인다. 2016년 유럽 48개 국가의 변호사 수 자료에 따르면 인구 10만 명당 변호사 수가 독일은 200.5명, 프랑스는 85.7명이다. 한국은 35.3명으로 한국보다 적은 나라는 보스니아(35.2명)와 아제르바이잔(8.9명)뿐이다. 미국은 인구 대비 변호사 수가 한국에 비해 약 10배는 많다. 한국이 2020년 즈음에 OECD 평균 수준에 도달하려면 오히려 매년 현재보다 더 많은 2500명 정도의 신규 합격자를 배출해야 한다.

문제는 변호사가 맡는 사건의 수가 아니냐고 할지 모르겠다. 2015년 제1심 법원에 제기된 신규 민사사건 수(등기·등록사건, 형사사건 제외)

는 인구 1만 명당 약 1030건이다. 독일(485.8건)이나 프랑스(333.3건), 스위스(520건) 등과 비교하면 2배 정도 많다. 일본의 경우 우리와 변호사 수가 비슷하지만 인구 대비로 발생하는 민사사건 수로 비교할 때 한국이 훨씬 많기 때문에 일본에 비해 변호사가 지나치게 많다는 결론도 그다지 설득력이 없다. 나라마다 변호사 업무의 범위와 성격이 달라서 인구 대비 변호사 수나 인구 대비 소송 건수로 단순히 비교하기는 어렵지만 한국이 많은 편이 아니라는 점은 분명하다.

더 근본적으로는 인구 대비 적정 변호사 수를 산정하려는 시도 자체가 문제일 수 있다. 변호사는 말 그대로 자격증의 의미로 한정해야지 취업 보장의 의미여서는 안 된다. 예를 들어 독일의 경우 매년 1만여 명의 변호사 자격자가 나오는데 이들 중 3000명 정도는 변호사와 관련 없는 일을 한다. 국가는 일정한 기준을 통과한 사람에게 변호사 자격을 줄 뿐이고, 나머지는 시장에서 조절될 문제로 봐야 한다.

국가가 전체 변호사 수를 제한하고 이를 위해 매년 정해진 수의 합격자만 배출하는 통제 개념 자체가 적절하지 않다. 법조인의 정원을 규제하는 나라는 일본, 한국, 대만 세 나라뿐이다. 유럽이나 미국에서는 일정 점수만 넘으면 누구든 변호사 자격증을 받는다. 지금까지 한국의 변호사협회에서 전체 적정 변호사 수, 적정 합격자 수를 산정하는 방식은 한 달 수입이 얼마 이상이 보장되기 위해 필요한 수를 산정하는 방식이다. 이는 기존 변호사의 소득 보장이라는 점에서 기득권을 지키기 위한 의도가 다분하다.

다양하고 저렴한 서비스를 위해 변호사가 더 필요하다

한국의 모든 변호사가 경제적 어려움에 처해 있다는 식의 인상을 주는 것도 현실과 동떨어진 면이 있다. 국세청이 집계한 2015년 8개 전문직 사업자의 1인당 평균 매출액은 2억3237만 원이고, 변호사 1인당 평균 매출은 4억1150만 원으로 변리사에 이어 2위다. 사정이 어려운 변호사가 일부 있지만 이는 대형 로펌 등과 연관된 양극화를 고려해야지 변호사 수 때문만은 아니다. 전체적으로 보자면 변호사는 여전히 한국에서 손꼽히는 고소득 직종에 속한다.

변호사 정원을 규제하면 경쟁력을 갖춘 다양한 법률 서비스를 제대로 실현하기 어렵다. 로스쿨 제도를 도입한 목적 중 하나가 다양한 영역에서 전문적 지식을 가진 법조인을 배출하는 것이었다. 기존 사법시험 체계에서는 사실상 법률 자체에 대한 지식만을 습득하고 측정하는 방식이었다. 이로 인해 사회 각 영역별로 다양한 분화가 일어나고 각 분야가 고도로 전문화되는 현실에 법률 서비스가 따라가지 못하는 문제가 생겼다. 이에 따라 만들어진 게 로스쿨이다. 로스쿨은 학부에서 법이 아닌 다른 전공을 갖춘 학생들이 진학한다. 이들은 전문 지식과 법 지식을 결합하여 다양성과 전문성을 동시에 증진시킬 수 있다.

세분화된 영역을 모두 포괄하려면 상대적으로 더 많은 인원이 필요하다. 일정 규모 이상의 변호사 배출 여부가 로스쿨 제도 성공에 상당한 영향을 준다. 분야별로 나뉘기 때문에 기존의 제한된 인원은 절대적인 수가 적어서 다양성에 접근할 길이 없다. 변호사 수를 기존처럼 제한하자는 발상은 다시 과거처럼 현실의 제 영역과 분리되어 법조문에만 매달리는 후진적 양상을 연장하자는 주장밖에 안 된다.

국내 변호사가 대부분 관성에서 벗어나지 못하고 소송 업무만 맡으려고 하는 현실이 오히려 문제라는 지적이 많다. 법원 주변에서 사무실을 내고 수익을 보장받으려는 관성이 지배적이라는 것이다. 법원과 지검이 있는 지역에만 변호사 사무실이 몰려서 전체 시·군·구 가운데 절반 가까이에 변호사가 단 1명도 없는 상태다.

미국이나 유럽의 경우 많은 변호사가 제조업체를 비롯한 일반 기업은 물론이고 다양한 공공기관과 시민단체 등에서 일한다. 한국은 기업이나 정부 관련 기관, 비정부기구 등에서 일하는 변호사의 수가 전체의 3~4% 정도다. 그만큼 변호사 업무에 다양성이 없다. 변호사 수를 줄이기보다는 로스쿨에서 다양한 분야와 긴밀하게 연결된 교육과정을 개발하고 사회적으로 새로운 법률 서비스 분야를 열어나가는 능동적 움직임이 필요하다.

34 /

결혼율 저하는
실업과 빈곤
때문이다

한국의 결혼율이 급격히 떨어지고 있어서 큰 문제입니다. 지금 이 순간에도 많은 사람이 결혼을 하느냐 포기하느냐의 기로에 서 있어요. 대부분 경제적 곤란 때문에 고민하다가 결혼에 대한 기대를 접지요. 취업도 못 하고 있는 청년층 입장에서 결혼은 사치스러운 생각이거든요. 설사 취업에 성공하더라도 연봉이나 안정성이 기대에 미치지 못하기 때문에 결혼을 꺼리게 됩니다. 가정을 꾸리고 자녀들을 낳아 기를 정도의 직장을 마련하지 못한 경우 결혼하고 싶어도 상대를 찾기 어렵거든요.

삼포세대여서 결혼을 안 하는가?

통계청의 2016년 사회조사에 따르면 2016년 1월~11월 혼인 건수는 25만3300건이다. 같은 기준으로 2013년 28만6000건, 2014년 27만1000건, 2015년 27만 건으로 지속적 감소세다. '결혼을 해야 한다'고 생각하는 사람의 비율은 51.9%다. 2010년 64.7%, 2012년 62.7%, 2014년 56.8%, 2016년 51.9%로 불과 6년 만에 약 13%포인트나 감소한 수치다. 여성은 더 소극적이어서 47.5%다. 이 조사는 결혼을 필수가 아니라 '해도 되고 안 해도 되는' 선택의 문제로 보는 사람들이 증가하고 있음을 보여준다.

대부분 결혼 감소 이유를 경제적 곤란에서 찾는다. 연애·결혼·출산을 포기하는 '삼포세대'도 이와 직결된다. 증가하는 청년 실업률, 취업에 성공해도 언제든 정리해고 대상이 될 수 있다는 불안감, 임금을 모아 주택을 마련하기 어려울 정도로 치솟는 집값, 정부가 발표하는 물가를 훨씬 뛰어넘는 생활비용 등 때문에 결혼 포기 현상이 부쩍 증가한다.

결혼비용 마련도 버겁다. 웨딩컨설팅 업체 듀오웨드가 신혼부부 1000명을 대상으로 조사한 2016년 '결혼비용 실태'에 따르면 결혼하는 데는 평균 2억7420만 원이 든다. 총비용이니 두 사람으로 나누어야 하는데, 보통은 남자의 부담이 더 크다. 남성이 주거비용을 더 많이 부담하기 때문이다. 결혼비용을 해결해도 기다리는 경제 문제가 첩첩산중이다. 2016년 통계청 조사에 따르면 자녀 교육비가 소득에 비해 부담이 된다는 응답이 65.3%에 달한다. 출산 이후 들어갈 비용을 마련할 자신이 없어지면서 결혼에도 소극적인 양상이 나타나는 것이다.

경제적 곤란이 결혼을 기피하게 만드는 중요 요인이라는 점을 부정할 사람은 없다. 하지만 취업 곤란과 낮은 연봉에서만 원인을 찾는 관점은 문제다. 결혼에 대한 왜곡된 시각을 낳을 가능성이 크다. 한국보건사회연구원이 전국 미혼 남녀를 대상으로 '2015년 전국 출산력조사'를 한 결과 경제적 이유로 결혼하지 않은 경우가 41.4%다. 낮은 소득, 집 마련, 결혼생활비용, 불안한 고용 등이 주요 항목으로 들어간다. 경제적 이유는 절반 이하다. 특히 남성과 여성의 차이가 크다. 여성은 경제 문제보다는 다른 요인에 더 주목한다.

미혼여성이 결혼하지 않은 이유로 경제적 문제를 꼽은 비율은

11.2%에 불과했다. 경제적 능력 외에 남성에게 갖는 기대치가 충족되지 않는 게 가장 높았고, 이어서 결혼할 생각이 없어서, 결혼보다 내가 하는 일에 더 충실해지고 싶어서, 결혼생활과 직장일을 동시에 수행하기 어려워서, 결혼생활로 사회활동에 지장이 있을까 봐, 결혼에 적당한 시기를 놓쳤기 때문에, 이성을 만날 기회가 없어서, 상대방에 구속되기 싫어서 등의 순으로 나타났다.

이런 결정에는 사람에 대한 취향의 차이라든가 인생관을 비롯하여 결혼의 의미에 대한 생각 차이 등이 적지 않게 작용한다. 특히 여성은 결혼과 직장생활을 겸하기 어려운 한국사회의 차별적 조건까지 더해진다. 더 엄밀하게 말하면 결혼하고 싶지만 아직 못 한 '미혼' 개념보다는 결혼 자체에 중요한 비중을 두지 않는 '비혼' 개념에 가까운 경우가 적지 않다.

실제로 빅데이터 분석업체 다음소프트의 조사에 따르면 2011~2015년까지 '비혼'에 대한 언급이 매년 2000~3000건 수준이었다가 2015년에는 1만3000여 건으로 약 5배 이상 증가했다. 그만큼 결혼 자체에 중요한 비중을 두지 않는 사람이 늘어나고 있음은 분명하다. 말 그대로 결혼을 선택의 문제로 보거나 아예 결혼의 필요를 못 느끼는 경우가 많아진다는 의미다.

결혼율 저하의 원인을 모두 실업과 빈곤으로 환원하는 관점은 현실의 다양한 양상을 설명할 수 없고 엉뚱한 대책을 만들어낸다는 점에서 큰 문제다. 현실의 심각한 차별 구조를 외면할 수도 있다. 또한 서구에서 지난 수십 년 사이에 결혼이라는 법적 테두리를 벗어나 다양한 결합 형태를 찾아내면서 '비혼'이 급증하는 점도 무시할 수 없다.

결혼을 안 하는 데는 다양한 이유가 있다

결혼율 감소에는 여러 요인이 작용한다. 경제 문제 외에 여성 차별 문제도 중요하게 다루어져야 한다. 결혼에 대한 여성의 소극적 태도는 결혼생활 만족도에서도 비슷한 양상으로 나타난다. 통계청이 발표한 2016년 사회조사에 따르면 남편은 부인에게 71.3% 만족하지만 부인은 남편과의 관계에 58.5% 만족하는 것으로 나타나 적지 않은 격차를 보인다.

여성이 결혼에 소극적인 이유 중 하나는 시대에 뒤떨어진 가정 내 가부장적 관계다. 이는 가사노동으로 불리는 무급노동의 시간 비교에서 분명하게 나타난다. 대부분 여성이 가정 내 무급노동을 부담한다. 한국 남성의 하루 무급노동시간은 가정 관리 48분과 가족 보살핌 12분을 더한 1시간 정도다. 여성은 평균 3시간 54분을 사용하는 것으로 나타나, 남성과 4배 가까이 차이가 난다. OECD 국가 평균 남성 무급노동시간은 2시간 18분으로, 한국보다 2배 이상 많다.

결혼한 여성의 경제활동 참가율이 낮다 보니 남성과 여성의 무급노동시간이 더 크게 차이가 난다. 심지어 맞벌이 부부조차 여성이 남성에 비해 훨씬 많은 가사노동을 한다. 2016년 통계청 사회조사를 봐도 그러하다. 가사의 공평한 분담에 공감하는 남자가 48.1%에 불과한 데다 이를 실천하는 남편은 17.8%뿐이다. 통계청의 생활시간조사에 따르면 맞벌이 가구의 여성이 남성에 비해 서너 배 정도 많은 시간을 가사노동에 투입한다. 가사노동이나 돌봄노동을 비롯한 무급노동은 여전히 여성의 몫으로 여겨진다.

이는 한편으로 가정 내 여성 차별, 다른 한편으로는 결혼한 여성이 겪는 사회적 차별을 보여준다. 결혼한 여성은 사회적 차별과 가정 내 차별이라는 이중적 고통에 시달린다. 여성이 결혼에 소극적일 수밖에 없는 상황이다. 지난 10여 년 사이에 여성의 권리의식은 한층 높아진 데 비해 남성 우월 사고방식이나 유교적 관계는 큰 변화가 없는 상태에서 여성들이 결혼 회피 태도를 보이는 것이다.

결혼율 저하 요인 가운데 결혼의 의미에 대한 인식 변화도 놓치지 말아야 한다. 통계청의 2016년 사회조사는 또 다른 면에서 흥미로운 결과를 보여준다. 절반 가까운 국민(48.0%)이 '남녀가 결혼하지 않아도 함께 살 수 있다'고 생각한다. 2010년의 40.5%와 비교할 때 상당히 빠른 속도로 증가하는 추세다. 법적으로 혼인해야만 정상적 가족이라는 사고방식이 한국사회에서 조금씩 허물어져가고 있음을 알 수 있다. 법적으로 혼인한 가족만을 정상 가족으로 보고 나머지 다양한 가족 형태를 비정상으로 분류하던 도식에 균열이 생기고 있다. 동거를 비롯하여 다른 결합 형태를 통해 만족스러운 관계를 유지할 수 있다고 보는 사람이 느는 것도 결혼율을 떨어뜨리는 원인 중 하나다.

35

결혼율이 올라야 출산율도 올라간다

우리나라의 출산율은 10여 년 동안 OECD 국가 중 최저 수준입니다. '인구 절벽'이라는 표현을 사용할 정도죠. 아이가 부족한 나라에서 밝은 미래를 기대하기는 어렵습니다. 저출산과 고령화, 노동인구의 감소로 성장 동력을 잃어버리게 되거든요. 당연한 일이지만 저출산의 제일 큰 원인은 결혼율 감소에 있어요. 결혼 연령이 늦어지거나 결혼하지 않고 사는 사람들이 늘어나면서 급격하게 출산율 저하 현상이 나타납니다. 그러므로 결혼 장려 정책이 곧 출산 장려 정책으로 연결됩니다.

결혼율과 출산율은 별개다

한국은 세계 최저 수준의 저출산 국가다. 여성 1명이 낳을 것으로 기대되는 합계출산율이 약 1.2명이다. 1990년 1.57명으로 OECD 평균보다 낮아졌으며, 2000년대 이후 10년이 넘도록 1.2~1.3명으로 제자리걸음이다. 2012년 합계출산율이 1.297명까지 상승한 후 등락을 반복하다 2015년 1.239명을 기록했고 2016년에 다시 감소하는 양상을 보인다.

낮은 출산율을 기록하고 가장 빠른 속도로 고령사회를 향해 질주하는 한국사회에서 원인을 찾고 대안을 마련하려는 적극적 노력은 당연하다. 보통 저출산 원인을 낮은 결혼율에 연결시키는데, 이러한 접근은 조금도 틈이 없는 인과관계처럼 지극히 상식적으로 느껴진다.

다른 나라와 비교하면 결혼과 출산의 관계가 우리의 상식과는 전혀 다른 방향을 향한다. 유럽은 1인 가구 비중이 40% 안팎으로 낮은 결혼율을 보인다. 통계청에 따르면 한국은 2015년에 1인 가구가 27.2%에 머물고 있다. 결혼과 출산이 양의 비례관계를 보이지 않는다. 통계청의 '2015년 혼인·이혼 통계'를 통해 인구 1000명당 혼인 건수인 조혼인율을 보면 5.9건으로 평균 4.5 내외를 기록하는 OECD에 비해 여전히 상위권에 해당한다.

한국은 출산율이 세계 최저 수준인 데다 출산율 하락 속도도 멕시코를 제외하곤 OECD 회원국 중 가장 빠르다. 여성이 첫 아이를 낳는 연령도 OECD 평균에 비해 높다. 유럽연합 전체 합계출산율 평균은 1.6으로 한국보다 한참 높다. 2000년과 2015년을 대비했을 때 유럽의 대표적인 저출산국은 출산율이 높아지는 경향을 보인다. 스페인은 1.15에서 1.49, 독일은 1.38에서 1.44, 이탈리아는 1.18에서 1.43으로 높아진다.

프랑스의 경우 결혼과 출산을 둘러싼 양상이 한국과 반대다. 결혼은 감소하고 있는데 출산과 인구는 증가한다. 조혼인율이 계속 낮아지는 중이고 지난 몇 년 동안 3.7에서 벗어나지 못해 OECD 최저 수준이다. 하지만 합계출산율은 2.08을 기록해 유럽에서 가장 높고 2000년 1.89와 비교할 때 증가 추세이기도 하다. 결국 한국과 OECD 국가를 비교하면 결혼율과 출산율이 별개임을 알 수 있다. 증가와 감소가 얼마든지 상이한 방향으로 나아갈 수도 있어서 우리의 통념이 잘못되었음을 보여준다.

출산율 증가를 위해 총체적 사회 변화가 필요하다

한국의 대책은 의식 개혁과 약간의 재정적 지원 정도에서 벗어나지 않았다. 경제적 지원이 여러 대책 중 하나의 자리를 차지해야 하는 것은 분명하다. 한국에서 돈이 없으면 출산은 무리다. 아이 양육비용이 엄청나기 때문이다. 대학 졸업까지 드는 비용이 평균 3억 원이 넘고, 초등학교 전까지로 한정해도 상당한 돈이 들어간다. 정부에서는 비록 지극히 적은 액수이기는 하지만 양육비용 보조 방식으로 출산 장려 정책을 실시해왔다.

하지만 OECD 전체로 보면 매우 취약하다. 한국의 아동가족복지 지출 비율은 GDP 대비 0.8%로 최하위에 속한다. 최소한 OECD 평균인 2%로 늘릴 필요가 있다. 하지만 경제적 지원만으로 출산에 대한 적극적 태도가 생겨나지는 않는다. 과거 유럽의 몇몇 나라에서 육아수당을 대폭 확대했지만 출산율 증가에 영향을 주지 못한 경험이 있다. 비용 지원에 머물지 않고 출산·육아와 관련한 총체적 복지정책 차원으로 접근할 때 소기의 성과가 나타난다. 프랑스를 비롯하여 저출산에서 벗어난 국가들은 직접적인 재정 지원만이 아니라 적극적인 유급휴가, 공공보육시설, 출산도우미 정책 등을 추진한다.

유럽 복지국가들은 더욱 적극적이다. 노르웨이는 총 13개월의 출산휴가 기간에 통상 임금의 80%를 받는다. 10개월만 쉬면 100%를 받는다. 스웨덴은 4개월의 출산휴가 기간에 임금의 4분의 3을 고용주와 국가가 분담하여 지급한다. 스위스도 16주 동안 임금의 100%를 준다. 공립 유아원은 출산휴가 직후부터 4세까지의 보육을 책임진다. 교사 1명이 아기 3~4명을 담당해서 세심한 보살핌이 가능하다. 대부분 아빠도 육아휴가를 받는다.

한국 여성이 출산을 기피하는 또 하나의 중요한 이유는 경력 단절이다. OECD 여성의 평균 고용률은 20대부터 40대까지 꾸준히 증가하지만, 한국은 30대에 접어들면서 10% 이상 급격한 하락을 해서 50%를 겨우 넘는다. 결혼, 출산, 육아 등의 이유로 직장을 그만둔 경력 단절 여성이 전체 기혼 여성의 20%를 넘는다. 가뜩이나 평균 여성 고용률이 OECD 최하위 수준인데, 출산·육아 기간에는 더욱 취약하다. 그러니 사회생활 유지를 위해 출산을 기피하는 것이다.

한국사회에서는 여성 경제활동참가율이 높으면 출산율이 떨어진다는 생각이 지배적이다. 하지만 이 역시 현실과 다르다. OECD 통계를 보면 여성 경제활동참가율이 높은 나라가 상대적으로 높은 출산율을 기록한다. 프랑스나 스웨덴은 여성 경제활동참가율이 80%에 이르고 출산율도 높다. 하지만 한국은 여성 경제활동참가율이 이들에 비해 20%포인트 이상 낮은 데다가 출산율도 형편없이 낮다. 워킹맘들이 아이를 키울 수 있도록 100% 복직 보장, 충분한 출산·육아휴직제도, 세심한 보살핌이 가능한 정도의 공공보육 등이 뒷받침되어야 한다.

마지막으로 결혼에 대한 고정관념과 편향적 제도에서 탈피할 필요가 있다. 유럽의 많은 나라가 결혼율은 떨어지는데 출산율이 증가하는 이유는 혼외출산율이 급격히 증가하는 데 있다. 예를 들어 프랑스의 신생아 가운데 50% 이상은 결혼하지 않은 부부 사이에서 태어난다. 유럽연합 평균을 보더라도 결혼하지 않은 남녀 간에 태어난 아이가 40%에 가깝다. 한국은 2%대로 OECD 34개 회원국 가운데 가장 낮다.

유럽의 혼외출산은 미혼모나 경제적 사정 때문에 어쩔 수 없이 나타나는 현상이 아니다. 법적 혼인이라는 제도적 굴레에서 벗어나 둘만의 자유로운 결합 형태를 찾아낸 부부가 자발적으로 선택해서 낳은 아이다. 어떤 면에서는 혼외출산율이 높아지면서 인구를 유지하고 있다고 봐도 무리가 아니다. 무엇보다도 동거나 사실혼이 이미 가족 형태의 하나로 인정받고, 결혼과 동등한 법적 보호를 받기에 출산을 꺼릴 이유가 없다.

높은 혼외출산율을 보이는 유럽의 경험은 주목할 만하다. 한국은 짧은 기간에 결혼율이 급격히 상승하기를 바라기 어렵다. 동거 상태로 살아가는 사람이 적지 않은 현실에서 법적으로 혼인한 가족만을 정상 가족으로 인정하고 나머지 결합에 대해서는 사실상 불이익을 주는 방식 아래에서는 출산율이 올라가기 어렵다. 결혼하지 않은 동거 남녀가 '시민 결합' 형태로 사회적으로 인정받는, 다양한 형태의 가족을 인정하는 것이 장기적으로 출산율을 높이는 실질적 조치가 될 것이다.

36 /

한국 노인은 일하고 싶어 한다

한국사회의 빠른 고령화는 유명하죠. 노인이 늘어날수록 가장 큰 문제는 부양비용입니다. 경제활동인구까지 줄어드는 마당에 가족이나 사회가 노인 부양비용을 모두 부담하기는 어렵잖아요. 최고의 노인복지는 일자리를 새로 만들어 노인 스스로 생활비용을 감당하게 하는 거예요. 그렇게 되면 노인은 일을 하면서 수익과 함께 자존감도 찾을 수 있죠. 사람은 누구나 일을 해야 보람을 느끼니까요. 결국 노인 일자리 창출은 우울증 등 고령화 사회문제를 예방하는 가장 좋은 대책입니다.

한국 노인은 정말 더 많은 일을 원하는가?

대한민국은 2016년에 65세 이상 인구가 전체 인구의 13.5%를 차지해 노인 비중이 14%인 고령사회를 목전에 두고 있다. 2000년에 7.2%로 고령화사회에 진입한 후 급격한 증가세다. 통계청은 2030년 24.3%, 2040년 32.3%, 2060년에는 40.1%에 이를 것으로 전망한다. 출산율 감소와 함께 생산인구도 줄어 부양부담은 급격하게 악화된다. 1997년에는 생산인구 9.83명이 노인 1명을 부양했다면, 2016년에는 5명, 2036년에는 2명이 노인 1명을 부양해야 한다.

한정된 자원과 감소하는 생산인구로 사회의 복지나 개별 가정에 의한 부양이 갈수록 비현실적이라고 생각하는 입장에서는 노인 스스로의 해결이 가장 적합하다고 본다. 특히 노인이 되어도 일을 할 때 스스로의 의미를 확인할 수 있기에 자존감을 느낄 수 있다고 여긴다. 일하는 노인이 육체적·정신적으로 건강할 수 있다는 논리다.

현재 한국 노인은 일하는 비율이 꽤 높다. 위의 통계청 자료에 따르면 65세 이상 고용률은 30%를 훌쩍 넘는다. 3명에 1명꼴로 일한다. 55~79세 사이의 고령층 인구 가운데 61.2%는 장래에 일하기를 원한다. 취업을 원하는 주요 이유는 '생활비 보탬'이 58.0%, '일하는 즐거움'이 34.9%로 대부분을 차지한다. 하지만 현실은 일하는 '즐거움'은 물론이고 생활비에 '보탬'을 주는 차원의 문제가 아닌 경우가 많다. 생존을 위해 물불 가리지 않고 일자리를 찾아야 한다.

한국은 노인 빈곤율과 노인 자살률에서 OECD 1위다. 노인 빈곤율은 OECD 평균의 3배를 넘는다. 한국개발연구원 보고서에 따르면 고령층의 소득 대비 가계부채 비율이 161%다. 전 연령대 평균인 128%에 비해 33%포인트나 높다. 사무직이라 해도 노후 대비 여유가 절대적으로 부족하다. 30세 가까이에 취업하고, 사기업은 50대 초반이면 퇴직해야 한다. 고작 20년 사이에 내 집 마련과 생활비는 물론이고 자녀 교육비 때문에 허덕이다 보면 노후 대비를 할 수 있는 시간이 지나가버린다.

정규직 은퇴자는 퇴직금과 알량한 국민연금을 받을 수 있다. 하지만 국민연금의 소득 대체율, 평균 임금 대비 받을 수 있는 돈은 25%에 불과하다. 통계청에 따르면 2015년 1년간 고령층(55~79세) 인구 중 44.1%가 고작 평균 51만 원의 연금(공적·기초·개인연금 등)을 받았다. 노동인구의 상당수를 차지하는 비정규직의 경우 이마저도 기대할 수 없다. 2015년 국민기초생활보장 수급을 받는 고령자는 41만9000명으로 전년보다 4만404명 증가하고 2011년 이후 계속 증가 추세인 점은 이를 잘 반영한다.

한국사회에서 노인이 된다는 것은 경제적 고통과 불안이 증가한다는 것이다. 서울연구원의 2016년 '서울시 일하는 노인 근로특성과 정책과제'에 따르면 노인 69.5%가 '생계를 위해 일한다'고 답했다. 노인 빈곤율이 48.1%로 높아 계속 일할 수밖에 없는 상황이다. 서울의 65세 이상 임금근로자는 주당 근무시간이 56.3시간에 달하지만 손에 쥐는 돈은 월평균 122만 원에 불과하다. 특히 청소 및 경비 근로자의 경우 하루 평균 18.2시간을 일해서 매월 130만 원을 번다. 시간당 임금을 비교하면 57.4%가 최저임금 시급 이하의 급여를 받는다. 한국 노인은 왜곡된 고용구조 속에서 열악한 노동조건을 감내해야 한다.

노인의 여가와 사회 참여가 필요하다

노인이 일을 해야 자존감을 찾고 육체적·정신적으로 건강해진다는 견해는 현실과 상당한 거리가 있다. 한국의 노인 고용률이 세계 최고 수준인데도 자존감이 오히려 사라지는 결과가 나타난다. 노인 고용률은 OECD 평균의 2배 이상이다. 하지만 동시에 자살률 1위라는 불명예를 안고 있다. 10년이 넘게 장기간 1위 자리를 차지하는 중이다. 사회복지의 수준이 현저히 낮은 멕시코보다도 6배 이상 높다.

보건복지부의 '노인실태조사'에 따르면 65세 이상 노인의 10% 이상이 자살을 생각한 적이 있고, 그중 10% 정도가 실제 자살을 시도한 적이 있다. 노인 중 소득 하위 20%가 소득 상위 20%에 비해 자살 시도가 약 2.5배 많다. 상당수 노인이 생존의 벼랑에 몰려 자살을 선택한다. 최저 시급 이하의 임금을 받으면서 장시간 노동에 시달려야 하는 현실에서 노인의 자존감 형성은 기대하기 어렵다.

노인 자살률이 제일 높다는 것은 노인이 가장 불행한 나라라는 의미다. 노인이야말로 우리의 미래다. 누구나 어느 순간 노인이 되기 때문에 현재 노인의 삶은 앞으로 우리 모두의 삶이기도 하다. 한국 노인이 현재 겪는 고통을 해결하지 못한다면 그 고통은 10년 후, 20년 후로 연장되고 우리는 노인이 가장 불행한 나라에서 살아야 한다.

최소한의 의식주가 해결이 안 돼 생존의 벼랑에 몰린 노인에 대해서는 국가가 복지를 통해 해결해야 한다. 노인 각자의 노동을 통한 해결 논리는 국가의 존재 이유를 스스로 부정하는 꼴이다. 노인이 삶의 의미와 행복을 느끼며 살아가려면 최소한의 경제적 안정이 보장되고, 그 위에서 여가와 문화를 통해 내적 만족을 획득할 수 있어야 한다.

지금의 현실은 노인의 여가와 문화도 경제적 어려움만큼이나 바닥이다. 보건복지부의 '노인실태조사'에 따르면 노인 대부분이 TV 시청(82.4%)으로 여가를 보낸다. 사실상 여가나 문화생활이 없는 상태나 마찬가지다. 정기적으로 문화·예술적 체험 기회를 보장하고 다양한 취미 생활이 가능한 조건을 만들어야 한다. 나아가서는 자존감이 사회적으로 형성되는 감정이라는 점에서 노인에게 적극적인 사회 참여의 길도 열어줘야 한다.

이와 관련하여 프랑스의 문학가이자 여성운동의 상징이기도 한 시몬 드 보부아르가 《노년》에서 한 다음 주장은 곱씹을 만하다. "노년이 우리의 이전 삶의 우스꽝스러운 하찮은 모방이 되지 않게 하기 위한 해결책은 단 하나밖에 없다. 삶에 의미를 주는 목표의 추구다. 다른 사람에게든, 집단이든, 대의명분이든, 사회적 혹은 정치적 일이든, 지적·창조적 일이든, 그 무엇에 헌신하는 길밖에 없다."

행복한 노년을 보내려면 강렬한 열정을 오래 보존해야 한다. 보통은 노년에 대한 '준비'를 노후 자금으로만 생각한다. 하지만 자신의 존재 의미와 만족감은 사회적 활동에 참여하는 것을 통해 적극적으로 얻게 된다. 노인이 사회봉사 활동을 할 수 있는 기회와 여건을 만들어야 한다. 더불어 살아가는 공동체를 위한 기여는 삶에 활력을 불어넣는다. 노인은 사회적 재능 기부를 통해 보람을 찾고 사회 발전에 기여함으로써 만족감을 높일 수 있다.

37 /

원전은
경제적이고
안전하다

한국은 세계 6위의 원전 보유국입니다. 그만큼 많은 원전이 있고 선진화된 기술력을 갖고 있죠. 원전은 경제적 효율성이 탁월하기 때문에 한국의 조건에서는 가장 적합한 에너지죠. 한국은 석유 한 방울 나지 않는 에너지 빈국이자 중화학공업과 수출로 먹고살아야 하는 에너지 다소비 국가예요. 그러니 적은 원료로 막대한 전력을 생산하는 원전이 최고죠. 우라늄 1g이 석탄 3000t과 맞먹으니 얼마나 효율적이에요. 게다가 한국 원전의 안정성은 세계 최고 수준이라 안심하고 사용해도 됩니다.

핵발전소는 경제적인가?

한국에서 가동 중인 원전은 25기다. 전체 발전량의 30% 이상을 차지한다. 국토 면적당 설비용량은 물론이고 단지별 밀집도, 반경 30km 이내 인구수 등이 모두 세계 1위다. 2위인 일본에 비해 밀집도가 2배, 가장 많은 원전을 보유한 미국에 비해서는 20배다. 그동안 한국 정부는 원전의 경제성을 강조했고, 대부분 상식처럼 받아들인다. 원전 비용을 계산할 때 건설비가 50%를 차지하고, 나머지는 운전유지비(40%), 연료비(10%)로 구성된다. 이 항목만으로 계산하면 다른 에너지에 비해 저렴하다.

하지만 숨겨진 비용이 많아서, 핵이 값싼 에너지라는 주장은 여러 측면에서 사실과 다르다. 먼저 원전사고로 인한 비용이 제대로 반영되지 않는다. 원전 부품은 140만 개여서 오작동으로 인한 사고가 언제든 생길 수 있고, 자연재해로 인한 사고의 가능성도 있다. 예상치 못한 쓰나미가 덮친 후쿠시마 원전의 사고처리비용은 120조 원 이상으로 집계되었고 앞으로 280조 원까지 늘어날 전망이라고 한다.

그런데 한국에서는 원전사고 시 보상계약에 의해 한국수력원자력이 부지당 500억 원의 책임을 진다. 실제 피해비용에 비하면 턱없이 낮다. 현대경제연구원이 발표한 '원전의 드러나지 않는 비용' 보고서에 따르면 "고리 원전에서 후쿠시마 규모의 사고가 발생하면 반경 $30km$ 이내 320만 명이 직접 피해를 입으며 전 국토의 11.6%가 오염되는 등 천문학적 규모의 경제적 손실이 발생할 것"이라고 한다. 사고비용을 반영하면 원전은 가장 비경제적인 에너지다.

다음으로 사용 후 핵연료나 핵폐기물 처리비용도 숨겨진 비용이다. 사용 후 핵연료는 10만 년 보관이기에 비용 계산 자체가 불가능하다. 앞의 현대경제연구원 보고서에 따르면 사용 후 핵연료 처리비용이 약 72조 원으로 추산됐는데, 이는 당시 예상 적립금 규모(약 16조 원)의 4.5배. 이조차 10만 년을 전제로 한 계산이 아니다. 핵폐기물 처리비용도 전력 원가에 계산되어 있지 않다. 저준위 폐기물만 보관하는 경주 방폐장조차 수천억 원의 보상금이 지급되었다. 중준위나 고준위 폐기물 보관 장소까지 고려하면 비용은 더욱 치솟는다.

또한 핵발전소 해체비용도 빠져 있다. 정부는 과거에 핵발전소 해체비용으로 호기당 6033억 원을 산정했다. 그나마 해체비용을 터무니없이 낮게 책정한 면이 있다. 일본은 호기당 9590억 원, 독일은

8590억 원을 산정한다. 유럽감사원 기준으로는 호기당 1조212억 원이 들어간다. 게다가 한국은 원전 해체 경험도 없고, 주변 주민에 대한 보상까지 고려하면 원전이 값싼 에너지라는 주장은 근거가 더욱 희박해진다.

이 외에도 포함되지 않은 비용은 더 많다. 부품 교체 비용이나 원전으로 인한 온배수도 숨은 비용이다. 온배수 배출로 주변 해양생태계에 영향을 미치고 수억 원에 이르는 어업피해 보상액이 지출된다. 초고압 송전탑을 건설하는 사회적 비용도 계산에 넣어야 마땅하다.

이상의 비용을 모두 고려할 때 원전이 경제적이라는 주장은 신화이고 허구적 믿음일 수 있다. 매사추세츠 공과대학교(MIT)의 연구에 따르면 핵발전이 석탄이나 가스보다도 경제성이 떨어진다. 또한 유럽, 미국 등 세계 주요 국가들도 안정성만이 아니라 비경제적 에너지라는 점 때문에 원전 축소나 폐쇄 정책을 펴고 있다.

핵발전소는 안전한가?

일본의 후쿠시마 사고는 원전이 안전하다는 믿음을 허물어뜨렸다. 한국의 원전이 안전하다는 근거는 크게 두 가지다. 하나는 한국이 원전 선진국으로서 뛰어난 핵 기술을 갖고 있다는 것이다. 다른 하나는 한국이 지진이나 쓰나미와 같은 자연재해에서 안전한 지역이라는 점이다. 하지만 두 가지 근거 모두에 대한 회의적 반응이 많다.

먼저 대형 원전사고는 핵 기술이 뒤떨어진 나라에서 발생한 게 아니다. 대표적인 대형 원전사고를 꼽으면 1979년 미국 스리마일 섬 사고, 1986년 구소련 체르노빌 폭발, 2011년 후쿠시마 폭발이다. 세계적으로 가장 뛰어난 기술을 가진 국가에서 생긴 일이다. 이른바 원전기술 선진국이고 원전을 많이 보유하고 있는 나라에서 발생한다는 점에서 한국도 사고 가능성에서 자유롭지 못하다.

다음으로 한국이 자연재해 안전지역이 아니라는 점도 문제다. 2016년 울산의 신고리 원전 앞바다 52km 해상에서 진도 5.0의 지진, 경주 월성 원전에서 9km와 8km 떨어진 지점에서 각각 규모 5.1과 5.8의 지진이 발생했다. 그동안 활성단층 보고서를 조직적으로 은폐해왔던 정부와 한국수력원자력도 계속되는 강진으로 활성단층을 인정하지 않을 수 없는 상황에 처했다. 활성단층이 집중된 지역이 동시에 원전 집중 지역이라는 점에서 예기치 않은 자연재해에 의한 대형 원전사고 가능성을 고려해야만 하는 처지다.

게다가 한국은 원전 인구 밀집도가 매우 높아서 안정성에 심각한 문제가 있다. 도쿄 전력 공급을 위해 지은 후쿠시마 원전은 도쿄에서 230km나 떨어져 있다. 혹시 모를 사고에 대비해 막대한 송전 비용을 감수한 것이다. 하지만 한국의 경우 8기의 원자로가 있는 고리·신고리 원전은 반경 30km 안에 340만 명이 산다. 사고 발생 시 신속 대피가 불가능하고 치명적인 결과로 연결될 수밖에 없다. 사고에 대비한 안정성 고려가 거의 없었다고 봐야 한다.

정부와 한국수력원자력의 관리 부실 문제와 고질적인 비밀주의도 원전의 안정성을 심각하게 위협한다. 종종 터지는 원전 불량부품 납품비리 사건도 그중 하나다. 안전 관련 제어케이블이 기준 미달인데도 시험기관이 서류를 조작해 인증을 통과시킨 적도 있다. 원자로의 냉각 등 안전계통에 동작 신호를 보내는 안전설비로서 대형 사고로 연결될 수 있는 부품이었다. 경주 지진 발생 당시 한국수력원자력은 계측기 고장 사실도 숨긴 채 '선제적 조치를 취했다'며 국민을 속이기도 해서 비밀주의의 심각성을 보여주었다. '원전 마피아'라는 말이 상식처럼 통할 정도여서 비밀주의는 원전 안정성을 위협하는 문제 중 하나다.

원전의 경제성과 안정성에 대한 부정적 견해가 확산되면서 많은 국가가 원전 축소나 폐쇄 정책을 취한다. 독일은 원전 17기를 2022년까지 모두 폐쇄, 벨기에는 2025년까지 단계적 폐쇄, 스위스는 2034년까지 폐쇄하는 탈핵 선언을 했다. 미국도 단계별로 폐쇄한다는 입장이다. 이탈리아는 원전 4기 건설계획을 취소했고, 전력 생산의 75%를 원전에 의존하는 프랑스는 2025년까지 의존율을 50%로 낮추는 게 목표다. 대만은 이미 공정이 90%인 원전 건설을 중단했다. 한국도 그동안의 원전 확대 정책을 진지하게 재검토할 필요가 있다.

38 /

의료를 시장에 맡겨야 국민 건강이 증진된다

의료는 시장의 관점, 즉 경쟁과 영리를 통해 서비스의 질을 높이는 방향으로 접근해야 합니다. 의사나 병원도 최대한의 수익이 보장돼야 열성적으로 치료를 하죠. 병원의 수익이 많아지면 첨단 의료기기 구입이나 연구 투자가 늘어나 의료 서비스가 향상되고요. 원격진료는 일상적 검진과 조기 치료 효과를 냅니다. 의료와 헬스 케어, 그리고 다른 산업과의 융합으로 부가가치를 높여 새로운 성장 동력 역할도 하죠. 의료를 관광 산업화하여 선진화된 의료 서비스를 받으려는 외국 관광객을 유치해 국가경제의 발전에도 큰 도움이 됩니다.

의료 영리화를 어떻게 볼 것인가?

현재 의료법상 의료법인은 비영리법인이어서 의료행위에 집중하고 사회 구성원의 의료권 보장을 위해 영리행위를 금지한다. 하지만 10여 년 전부터 대형병원을 중심으로 수익 경쟁이 심화되면서 영리행위 허용 요구가 지속적으로 제기되었다. 수도권 대형병원으로 환자가 쏠리면서 중소 병의원들도 앞다퉈 환자 유치, 수익 경쟁에 뛰어든다.

병원들은 경쟁이 심화되면서 고가의 건강검진·수술·진단·비싼 병실요금 등으로 수익을 내는 데 머물지 않고 다양한 영리사업으로 눈을 돌리기 시작했다. 대형병원을 중심으로 의료 영리화를 모색했고 정부도 호응한 면이 있다. 의료 영리화는 몇 개 분야로 나뉜다. 원격

진료 허용, 의료기관의 부대사업 목적의 영리 자법인 설립 허용, 의료기관 인수합병 허용 등이다.

원격의료는 스마트폰과 컴퓨터로 집에서 진료를 받는 방식이다. 원격의료를 주장하는 입장에서는 거동이 불편한 노인이나 장애인, 외진 지역의 거주민에게 혜택을 주기 위해 이러한 진료가 필요하다는 논리를 내세운다. 하지만 현실은 최신 의료장비를 갖춘 대형병원의 이익을 대변한다. 동네 병원은 원격진료를 위한 고가의 진료설비를 구입하는 데 큰 부담을 느낀다. 동네 의원들이 가장 강하게 반발하고, 헬스 케어 사업에 뛰어든 대기업이 원격의료 활성화법을 줄기차게 밀어붙이고 있는 점만 봐도 누구를 위한 정책인지 분명하다.

영리 자법인 설립은 병원에게 영리 목적의 여러 부대사업을 허용하고, 자회사에는 투기자본을 포함해 부자들은 누구나 투자하여 이윤을 배당받을 수 있도록 한다. 정부는 중소병원이 부대사업을 통해 문을 닫지 않도록 도와주는 데 목적이 있다고 홍보한다. 하지만 부대사업 확장도 자본이 많을수록 유리하기 때문에 대형병원에 일방적으로 유리하다. 부대사업은 편의점·장례식장·주차장과 같은 환자 편의를 위한 사업을 뛰어넘어 의료기기·의약품·운동시설·건물임대·호텔숙박업까지 무제한으로 확대가 가능하다. 더 좋은 부대사업 시설을 갖춘 대형병원으로 환자들이 쏠리는 현상이 뚜렷해질 것은 불을 보듯 뻔한 일이다.

게다가 병원과 의사의 권위를 이용해서 부대사업 상품을 끼워 팔기 때문에 약자 입장인 환자의 피해는 갈수록 늘어난다. 의사가 처방하는 진료와 직결된 분야가 많기에 환자는 권유에 따를 수밖에 없다. 예를 들어 화장품과 건강보조식품에 이르기까지 불필요한 상품을 사실상 강매하여 환자의 지출만 늘어나는 꼴이 된다. 게다가 자회사는 배당금을 목적으로 투자한 주주들에게 이익을 배분하기 때문에 병원 수익이 빠져나가 병원 의료 서비스의 질이 하락할 위험성도 있다.

의료기관 인수합병 허용을 주장하는 사람들은 경제적으로 힘든 중소병원이 재정 상태가 괜찮은 병원과 합쳐 인력이나 장비를 더 효율적으로 사용한다는 장점을 내세운다. 하지만 이 역시 대형병원에게 시장을 지배하도록 길을 터준다. 인수합병을 통한 체인화와 규모 확대는 필연적으로 병원 간 경쟁을 심화시킨다. 시장 경쟁에서 당연히 자본의 힘이 작용한다. 대형병원의 인수합병이 지속되면 결국 몇몇 큰 병원이 국가 의료체계를 좌지우지하게 된다. 사실상의 독과점 상황에서 의료비 상승도 충분히 예상 가능하다.

의료 공공성 확대를 위하여

의료의 시장 성격을 대폭 강화하는 의료 영리화는 대기업과 대형병원의 입장을 주로 대변하는 정책이다. 어찌 됐든 환자에게 도움이 되고 국민건강 증진에 기여하면 될 일 아니냐고 할지 모르지만 독과점은 반드시 소비자에게 피해를 주기 마련이다. 약자인 환자의 입장에서는 실질적인 의료비 상승으로 이어진다. 게다가 의료 독과점이 형성되면

후발 주자와의 경쟁이 사실상 사라지면서 최종적으로는 의료 서비스의 질도 저하되기 십상이다.

그렇기 때문에 예전부터 의료의 공공성은 세계 주요 국가의 정책적 가치로 자리 잡았다. 세계보건기구(WHO)는 국민건강 증진을 위한 국가의 보건의료 서비스 역할을 강조한다. 포괄적인 양질의 적정 진료를 제공하고, 교육·훈련과 연구 기능을 적극적으로 수행하도록 한다. 공공성은 보건의료가 갖춰야 할 본질적 성격이다. 민간병의원이라 해도 수익성만을 목적으로 해서는 안 된다. 우리는 민간병원이라면 공공성과 아무런 관계가 없다는 생각이 상식이지만 유럽 민간병원은 한국의 공공병원보다 더 공공적인 경우가 대부분이다. 정부가 직접 병원이나 보건소를 설립하여 의료 서비스를 공급하기도 한다. 의료는 소비자가 서비스 제공자인 의사나 병원에게 일방적으로 의존해야만 하는 불리한 상황이고, 대형병원에 의한 지역 독점이 심해서 시장 실패 가능성이 높다. 그 어느 분야보다도 불평등 심화 우려가 크다. 의료 공공성은 의료 약자나 취약 지역의 보호를 통한 사회적 불평등을 보완하여 국민 전체의 건강 증진을 목표로 한다.

한국은 OECD 국가 중에서 의료 공공성이 매우 취약한 나라에 속한다. 거의 모든 정부에서 의료정책으로 의료 공공성을 강조했지만 말뿐이었고 현실은 OECD 회원국 중에서 가장 열악하다. 먼저 의료 공공성이 약해 의료비 부담이 큰 것이 건강 불평등의 가장 큰 원인으로 작용한다. 전 국민이 건강보험에 가입되어 있지만 보장성이 낮아 전체 의료비의 55% 내외 정도만 보장한다. 본인 부담률이 40%를 훌쩍 넘고 비용 보장이 되지 않는 비급여 진료도 많다. OECD 평균 의료비 공적 부담 비율은 70%를 넘어선다. 한국을 비롯하여 의료체계가 형편없기로 유명한 미국·멕시코 등이 평균을 낮추는 주범이고, 이탈리아·스웨덴·일본·노르웨이·덴마크 등이 대부분 80%를 넘는다. 공공성 강화로 의료 불평등을 개선하기 위해서는 의료비용 공적 부담률을 대폭 올려야 한다.

공공병상의 증가도 의료 공공성 확대를 통한 국민건강 증진의 주요 과제다. 한국은 공공병상 비율로 따지면 10% 남짓이고, 공공병원 수로 따지면 5~6% 수준이다. OECD 회원국 중 가장 밑바닥이다. 민간병의원이 팽창하고 공공병원 비중이 지속적으로 축소되는 중이다. 일본·미국만 해도 우리보다 공공병상이 2배 많고, 프랑스·이탈리아·호주 등은 공공병상 비율이 60%에 이른다. 뉴질랜드나 영국은 80%를 넘는다.

민간병원에서는 수익 증가를 위해 이미 공급이 수요를 초과하고 있는데도 병상을 늘리고 있다. 인구당 병상이 OECD 평균을 넘어선 상태다. 과잉 공급된 병상과 각종 고가장비가 필요 이상의 의료비 지출을 유도한다. 첨단 고가장비도 OECD 평균의 2배 수준이다. 환자의 의료비 부담은 갈수록 늘어난다. 시장의 합리적 조율자로서 공공병원의 역할이 중요하다. OECD 평균 정도에는 도달해서 의료체계의 불균형과 의료 서비스의 불평등을 바로잡아야 한다.

39 /

한국은 의사가 너무 많다

우리나라는 현재 의사가 많아서 문제입니다. 인구 10만 명당 의사 수는 인구증가율에 비해 서너 배 이상 많아서 갈수록 의사 인력 인플레이션이 우려되거든요. 의대와 의학전문대학원 정원을 현 수준으로 유지하더라도 10년도 되지 않아 초과공급 상태에 이를 거예요. OECD 국가들의 경우 인구 1000명당 활동 의사 수 증가율이 점점 낮아지고 있는데, 한국은 5~10년간 평균 증가율이 꾸준히 유지되고 있어요. 의사 수 증가에 따른 의료 품질 저하를 막기 위해 조치를 취할 때입니다.

한국은 정말 의사가 많은가?

결론부터 말하면 한의사를 포함하여 한국의 의사 수는 OECD 최저 수준이다. 'OECD 건강통계 2016'에 따르면 한국의 인구 1000명당 의사 수는 2.2명으로 멕시코와 함께 꼴찌다. 오스트리아가 5.1명으로 가장 많고, 그다음으로 노르웨이가 4.4명, 독일·스웨덴·스위스가 4.1명이었다. 미국은 2.6명, 일본은 2.4명이다. OECD 전체 회원국 평균은 3.3명이다.

보건복지부가 조사한 2016년 시·도별 인구 1000명당 의사 수를 보면 서울이 2.82명으로 가장 많고, 그다음으로 광주 2.34명, 대전 2.27명, 대구 2.22명, 부산 2.20명 순이다. 의사가 가장 적은 지역은 세종으로 0.76명이었고, 경북 1.30명, 울산·충남 1.44명, 경기 1.49명,

충북 1.51명, 인천 1.52명, 전남 1.60명 등도 적은 편에 속한다. 정부의 통계를 보면 의과대학 정원을 늘려서 농어촌 등 의료 취약 지역과 공공의료기관에서 근무할 의사부터 대폭 확충해야 한다는 주장이 더 설득력이 있다.

인구증가율과 의사 수 증가율 비교를 근거로 의사가 많다고 주장하는 대한의사협회의 논리도 문제가 있다. 증가율은 추세만 보여주기 때문에 의사 수가 적절한지를 둘러싼 현실을 제대로 반영하지 못한다. 오래전부터 인구 대비 의사 수가 절대적으로 적었는데, 세계 최저 출산율이 보여주듯이 인구증가율이 급격히 낮아져서 마치 증가율 대비로만 보면 의사가 많은 것 같은 착시현상을 불러일으킬 뿐이다.

의사가 적으니 당연히 의사 1인당 진료 건수는 많을 수밖에 없다. 'OECD 건강통계'에 따르면 OECD 회원국 중 한국 의사의 1인당 평균 연간 진료 건수가 가장 많다. OECD 평균의 2.7배에 이르고 가장 낮은 나라에 비해서는 10배 이상 많다. 의사 1인당 업무 부담이 많기 때문에 진료 시 부주의 등으로 이어질 가능성이 크다. 의료자원 측면에서 보더라도 한국은 병상이나 의료장비에 비해 이를 운용할 의료인의 수가 현격하게 적다. 우리나라의 총 병상 수는 OECD 평균보다 2배 이상 많다. 간호사의 경우 의사보다 더 심각한데, 인구 1000명당 임상간호사 수는 OECD 평균의 절반 수준에 불과하다.

한국에 의사가 지나치게 많다는 주장은 기존 의사들의 특권의식과 수입 유지를 위한 논리라고 봐야 한다. 한국사회에서 의사는 특권계층이라는 인식이 여전히 강하다. 이 주장에는 의사들이 자신의 특권적 지위와 수입이 조금이라도 낮아지는 것을 거부하려는 의식이 깔려 있다. 이들은 의사 자격증이 부와 명예를 얻을 수 있는 확실한 길이라고 여기기 때문에 계속 의대 정원을 줄이자는 주장을 펼친다. 또한 자기 자녀들도 의대에 보내길 원한다.

그 결과 한국에서는 1% 이내의 최상위 성적을 기록하는 이공계열 대학 입시생이라면 대부분 의대 입학을 원한다. 한국에서 성적이 가장 좋은 학생들이 우선적으로 의대에 몰리고, 나머지가 다른 분야로 가는 현상이 나타난다. 의사가 부와 명예를 거머쥘 수 있는 지름길이라는 의식이 여전히 팽배하기 때문이다. 이러한 지위를 유지하기 위해 의사 수 증가를 반대할 뿐이라는 비판이 나올 수밖에 없다.

기존 의사의 수익과 특권을 유지하려는 주장이다

인구 대비 의사 수가 매우 적으니 의사는 높은 수익을 올린다. 의사의 연봉이 제대로 공개된 적이 없는데, 보건복지부가 발표한 2014년 기준으로 종합병원 의사의 평균 연봉은 1억6500만 원이다. 지방 소재 의사는 2억 원이 넘는다. 종합병원 의사의 연봉은 일반 근로자 대비 4배 이상 많아서 대표적인 고액 연봉자라는 사실을 다시 확인시켜준다. 개업의까지 포함하면 의사 연봉이 크게 올라갈 것으로 추산된다. 의사 연봉이 일반 근로자 대비 3배 수준인 OECD와 적지 않은 차이를 보인다. 게다가 의사의 연봉 인상률도 상당히 높다. 2009~2014년 근로자 소득 연평균 인상률이 3.2%인 데 비해 의사는 5.2%였다.

의사 연봉이 세계적으로 높다는 것은 그만큼 의료비 원가 상승 요인으로 작용해 국민의료비 부담을 늘릴 가능성이 크다. 한국의 병원은 의사를 통한 수입 창출 의존 경향이 강하기 때문에 의사의 높은 연봉은 의료비 원가에 반영된다. 특히 높은 의사 수익을 보장하기 위해 법적 통제를 받는 급여 의료비보다는 비급여 의료비를 늘리는 방법을 사용한다. 이는 환자의 의료비 지출 부담 증가의 원인으로 작용한다. 비급여 진료 영역이 넓은 분야로 우수 인력이 몰리는 현상이 나타날 정도다. 정형외과나 피부과 등 돈이 되는 비급여 진료가 많은 분야가 대표적이다. 반대로 산부인과나 소아과 등 필수의료 분야는 의료진 부족 때문에 문제가 생길 정도다. 의료체계를 왜곡할 지경이다. 대형 종합병원조차 비급여 진료 경향이 높다.

2016년 OECD 사회지표를 보면 한국인의 건강에 관한 인식은 매우 부정적이다. 자신의 건강상태가 양호하다고 인식하는 비율이 32.5%에 불과해 OECD 최하위다. OECD 평균은 68.6%이고, 뉴질랜드 국민은 무려 91.4%가 건강하다고 생각한다. 그러면 의료비 지출이 다른 나라에 비해 많아야 하는데, 한국의 국민의료비 지출은 GDP 대비 7.1%로 OECD 평균(9.3%)보다 낮다. 건강에 이상이 있다고 생각하지만 의료비 부담 때문에 병원에 가지 못하는 사람이 그만큼 많다는 의미로 해석 가능하다. 여기에는 당연히 저소득층을 비롯한 의료 취약계층이 집중적으로 포함될 것이다.

실제로 한국보건사회연구원 조사에 따르면 저소득층의 경우 전체

소득에서 의료비 지출이 차지하는 비율과 미충족 의료 비율이 상당히 높게 나타난다. 소득 하위 20%의 의료비 부담률은 24.55%로, 소득 상위 20%의 의료비 부담률 2.36%보다 훨씬 높다. 의사 도움이 필요하지만 도움을 받지 못하거나 중도에 치료를 포기하는 상황을 경험한 적이 있는 '미충족 의료 비율'도 소득 수준별로 차이를 보이는데, 소득이 낮은 계층에서 경제적 이유로 인한 미치료율이 높게 나타난다. 그만큼 건강 이상을 느끼면서도 의료비 때문에 치료를 포기하는 사람이 많다는 의미다.

또한 국민의료비 지출이 상대적으로 낮다고 해서 국민 1인당 의료비 부담이 적은 것도 아니다. 왜냐하면 1인당 의료비 지출 가운데 한국은 공공재원 비율이 고작 56%로 OECD 평균(74%)에 한참 미치지 못하기 때문이다. 한국은 OECD 34개 국가 중 국민의료비 공공부담이 최하위에 속한다. 게다가 연간 지출 증가율이 두 번째로 높아서 갈수록 개인의 의료비 부담이 커지고 있다.

40

표현물에 대한 허가와 검열은 불가피하다

표현의 자유는 무한한 게 아니에요. 자신만의 공간이라면 상관없겠지만 공개할 경우 문제가 달라지거든요. 공개의 자유는 제한받을 수밖에 없어요. 특히 국가안전보장, 질서유지, 공공복리를 위해서는 정부가 법적 절차에 따라 표현에 대한 검열과 제한을 해야 합니다. 예술이라도 예외가 아니죠. 예술은 사회활동의 일부로서 관습과 제도에서 벗어날 수 없고 치외법권도 아니잖아요. 반국가적이거나 성도덕을 정면으로 위배하는 묘사에 대해서는 사전검열과 처벌이 불가피합니다.

표현물에 대한 허가와 검열은 헌법 위반이다

우리 헌법은 제21조에서 "모든 국민은 언론·출판의 자유"를 갖고 "언론·출판에 대한 허가나 검열"은 인정되지 않는다고 함으로써 사전검열을 부정한다. 표현물에 대한 사전검열은 명백한 위헌이다. 이미 헌법재판소는 1996년에 공연윤리위원회의 영화 사전검열에 대해 위헌 판결을 내린 바 있다. 당시 헌재는 "검열을 행정기관이 아닌 독립적인 위원회에서 행한다고 하더라도 행정권이 주체가 되어 검열절차를 형성하고 검열기관의 구성에 지속적인 영향을 미칠 수 있는 경우라면" 사전검열로서 위헌이라고 판시했다. 사전검열제도는 어떠한 경우에도 헌법에 위배된다는 점을 분명히 한 것이다.

1996년에는 음반 사전심의제도 폐지되었다. 1994년 '서태지와 아이들'의 4집 앨범 수록곡 〈시대유감〉 등 일부 가사가 사전심의에 걸리자 가사를 수정하는 대신 통째로 들어내고 발매한 사건이 심의제 폐지에 대한 여론의 지지를 이끌어낸 점도 영향을 미쳤다.

공연윤리위원회가 헌법위배 판결을 받자 정부는 영상물등급위원회로 전환하고 '등급보류' 판정을 받은 영화는 영화관에서 상영될 수 없도록 조항을 만든다. 등급보류 조항은 2001년 다시 헌재로부터 위헌 판정을 받는다. 영화의 등급 분류 보류가 검열에 해당돼 언론·출판의 자유를 침해한다는 것이었다. 2008년에 헌재는 영상물등급위원회가 비디오물의 선정성·폭력성을 이유로 등급 분류를 보류해 유통을 금지하는 것도 '사전검열'에 해당되기 때문에 위헌이라는 결정을 내렸다.

몇 차례의 헌재 결정에서 확인할 수 있듯이 표현물에 대한 사전검열은 변명할 여지 없이 헌법 위반이다. 하지만 정부가 집요하게 다양한 방법으로 사전검열을 시도하고 있어서 문제가 된다. 등급보류가 사전검열로 위헌판결을 받은 후에도 비슷한 형태의 제한이 이어졌다. 70대 노인 부부의 사랑 이야기를 다룬 영화 〈죽어도 좋아〉에 대한 2002년 영상물등급위원회의 심의 결과 '제한상영가' 결정이 내려졌다. 이에 대해 제한상영관이 없는 우리나라에서는 사실상 상영금지 조치로서 사전검열에 해당한다는 반발이 뒤따랐다.

또한 정보통신망법은 행정기관인 방송통신심의위원회가 인터넷에 게시된 표현물을 광범위한 사유로 삭제할 수 있도록 하고 있다. 이 내용도 위헌 논란에서 자유롭지 못하다. 다른 선진국들에서는 행정기관이 표현물의 내용을 규제하는 것이 '사전검열'로 여겨져 금지된다. 행정기관이 광범위하게 심의를 하면 표현물이 정치적 이유로 제재될 가능성이 높아 위헌으로 여겨지는 것이다.

예술의 자유 제한은 지극히 한정적이어야 한다

우리 헌법은 제22조 1항에서 "모든 국민은 학문과 예술의 자유를 가진다"라고 규정한다. 예술의 자유는 구체적 표현과 실행 영역이기에 절대적 자유는 아니다. 현실과 접촉하는 면이 훨씬 넓고 깊기 때문에 일정한 제한이 불가피한 경우가 생긴다. 하지만 이 경우에도 여전히 사전검열은 헌법 위반이다. 예를 들어 한국에서는 종종 정부의 압력에 의해 미술작품 전시가 거부되거나 아예 작품이 철거된다. 정부가 미리 판단하여 대중에게 공개될 기회 자체를 제거한다면 사전검열에 해당할 수 있다. 과거에 대통령의 4대강 사업을 비판하여 삽에 대통령 모습을 표현한 〈삽질공화국〉이라는 작품이 철거되고, 대통령을 닭으로 묘사한 〈세월오월〉이라는 작품의 전시가 사실상 거부된 사건 등이 여기에 해당한다.

미국의 경우 대통령을 영화 〈배트맨〉의 악당 조커나 히틀러로 묘사해도 문제 되지 않는다. 독일 작가들도 수상을 히틀러로 표현하는 경우가 많다. 세계 주요 정상을 풍자한 '알몸 인형'의 거리 전시도 문제가 안 된다. 우리나라 광고인이 일본 총리를 피투성이 드라큘라로 풍자해 광고한 경우도 있다. 하지만 한국은 대통령을 상대로 한 동물 묘사나 과장을 동반하는 풍자에 대해 금지나 철거 명령을 내리는 경우가 있다.

전시나 출판 후에 제한하는 경우에도 상당히 한정적인 범위 내에서 이루어져야 한다. 1919년에 미국 연방대법원 홈즈 대법관이 주장하고, 이후 법령의 합헌성 판단 기준으로서 오늘날 여러 나라의 학설·판례에 큰 영향을 준 '명백하고도 현존하는 위험'을 충족해야 한다.

독일의 경우 예술 표현에 대해 법률에 의한 유보가 없다. 예술적 표현은 일반 법률로 제한하지 못한다. 예술의 독자성과 자율성은 헌법에 의해 보장된다. 예술의 자유를 제한하는 것은 오직 헌법 자체에 의해서만 규정된다. 그러므로 문제 되는 사건이 생겼을 경우 일반 법원이 아니라 헌법재판소에 의해서만 다루어진다. 특정한 예술적 표현으로 인해 헌법이 규정한 기본권과 충돌이 생겼을 경우 헌법재판소의 헌법 해석에 의해 해결된다. 예술의 자유를 최대한 보장하기 위한 목적을 잘 보여준다. 그렇기 때문에 독일에서는 예술 표현을 둘러싼 제한이 매우 드물다.

한국은 '명백하고도 현존하는 위험'을 충족하는 경우 예술의 자유를 법률에 의해 유보한다. 헌법 제37조 2항의 "국가안전보장·질서유지 또는 공공복리를 위하여 필요한 경우에 한하여 법률로써 제한"을 받는다는 내용이 적용된다. 문제는 질서유지나 공공복리를 자의적으로 해석하여 기본권의 과잉제한금지 원칙을 위반하는 경우가 적지 않다는 점이다.

학문이든 예술이든 표현의 자유 제한은 명확하고 구체적이어야 한다. 이를 흔히 '명확성의 이론'이라고 한다. 기본권 제한의 근거가 막연할 경우 무효라는 이론이다. 한국 헌법재판소는 그동안 학문이나 예술 표현의 자유 제한과 관련한 판결에서 헌법의 조항을 그대로 사용하거나 추상적 표현으로 대신하는 경우가 많았다. 타인의 권리와 명예 또는 공중도덕이나 사회윤리를 침해해서는 안 된다는 점, 국가안전보장·질서유지 또는 공공복리를 위해 제한할 수 있다는 점, 보호하려는 공익과 침해하는 사익을 비교할 때 공익이 더 크다는 점 등을 단골로 사용해왔다. 제한 기준이 막연할 때 학문이든 예술이든 연구자와 작가가 포괄적 제한을 염두에 두며 자기 검열을 해야만 한다. 표현의 자유는 전반적으로 위축될 수밖에 없다. 어디까지 허용되며, 어디부터 문제가 되는지 구체적인 기준과 근거를 제시함으로써 최소한의 제한이라는 헌법 원칙을 실현해야 한다.

41 /

남한의 퍼주기로 북한이 핵개발을 했다

한국은 북한의 핵무기 개발을 막을 골든타임을 놓쳤어요. 미국, 일본 등과 함께 북한을 강력하게 압박해야 할 시기에 오히려 '퍼주기'를 해서 핵개발을 도와준 꼴이 됐지 뭐예요. 김대중·노무현 정부 시절에 이른바 햇볕정책을 펴면서 북한에 막대한 지원을 했거든요. 받은 것 없이 사실상 일방적인 '퍼주기'를 일삼았죠. 무모한 '퍼주기' 정책 때문에 북한은 은밀하게 핵을 개발할 시간을 벌었고, 지원받은 돈을 자금으로 사용해 수월하게 일을 추진할 수 있었어요.

북한 핵개발이 퍼주기의 결과인가?

1998~2008년의 김대중·노무현 정부가 대북 압박과 고립이 아니라 전폭적 지원을 해서 핵무기 봉쇄 골든타임을 놓쳤다는 주장이 성립하려면 두 가지가 입증되어야 한다. 하나는 이 시기에 핵무기를 집중적으로 개발했다는 점이 분명해야 한다. 다른 하나는 두 정부가 이른바 '퍼주기'를 했다는 점이 확실해야 한다. 그런데 두 가지 모두 사실과 매우 다르다.

먼저 북한의 핵무기 개발은 오래전부터 추진되었고 1998년 이전에 상당한 단계에 도달했다. 1962년 북한은 소련으로부터 지원받은 소형원자로를 영변에 건설한다. 1954년부터 1995년까지 과학기술자 250여 명을 소련에 파견하여 핵 관련 기술을 배워오게 했다. 1979년 자체 기술로 영변에 실험용 원자로 건설에 착수하고, 1985년에는 4기의 소련형 경수로 원전 도입을 추진했다. 이 과정에서 소련의 요구로 핵확산금지조약(NPT)에 가입한다. 1992년 국제원자력기구(IAEA)가 북한 핵사찰에서 '플루토늄 양의 불일치' 때문에 특별사찰을 요구하자, 북한은 이를 거부하고 1993년에 NPT를 탈퇴한다.

북한은 핵무기 개발에 필요한 고폭 실험을 1983~1993년에 수십 차례 실시했다. 중앙아시아에서 핵 재료와 장치, 파키스탄에서 우라늄농축 원심분리기 20여 기를 사들여 1990년대 초에는 핵무기 제조에 성공한 것으로 알려졌다. 이는 당시 미국의 보도에도 잘 나타난다. 게이츠 중앙정보국(CIA) 국장은 1991년 "북한이 곧 핵 원심분리장치를 보유"한다고 밝혔다. 1993년 〈뉴욕 타임스〉는 북한의 핵폭탄 1~2개 보유 사실을 클린턴 대통령에게 보고했음을 보도했다. 1995년 카네기재단은 "북한이 핵개발 기술을 이미 축적"했음을 언급했고, 1997년 CIA는 "북은 이미 핵무기를 보유"했음을 다시 밝혔다. 황장엽 전 북한 노동당 비서도 "북한이 핵무기를 쓰고 남을 만큼 만들었고, 북한 핵개발은 1993년도 당시 완료"되었음을 인정했다. 이상의 과정을 볼 때 북한의 핵개발은 거의 50년 가까이 국가 차원에서 지속적으로 추진된 결과다. 1998~2008년 사이의 '퍼주기' 때문에 핵무기를 개발했다는 논리는 억지에 가깝다.

핵무기 개발을 막을 소중한 시기를 놓친 계기는 다른 데서 찾아야 한다. 가장 중요한 시기는 1994년 북미 제네바 기본합의문 서명으로 북한에 경수로 지원을 약속하고 북한이 핵 활동 동결 선언을 했을 때다. 핵무기 개발을 포기하게 만들고 국제사회의 책임 있는 일원으로 끌어낼 수 있는 가장 좋은 기회였다. 하지만 미국은 부시 대통령이 2001년 취임한 후 제네바 합의를 일방적으로 파기한다. 이에 북한은 2002년에 핵 동결 해제를 발표하고, 2003년 NPT 탈퇴, 2005년 핵무기 보유 선언으로 치닫는다.

북한의 핵무기 개발은 한반도가 군사적으로 불안정성 속에 있기를 바라는 세력에서 그 원인을 찾아야 한다. 군사적 긴장은 당연히 군비 확장을 초래하고 군사력 강화 정책을 취하게 한다. 무기 판매와 군사력 강화를 통해 이득을 보는 세력은 한반도가 평화조약과 상호불가침조약 체결로 비핵화와 평화 상태로 나아가는 것을 원하지 않는다. 남한과 북한, 그리고 미국을 비롯한 주변 강대국 내에서 큰 힘을 발휘하고 있는 이들 세력이 핵문제 해결의 기회를 방해하고 있다는 추론은 그동안의 과정을 볼 때 충분히 합리적일 수 있다.

햇볕정책은 퍼주기를 했는가?

흔히 한국의 보수 우익에서는 김대중·노무현 정부 8년간 무려 8조 원의 대북지원을 해주었다며 이게 '퍼주기'가 아니고 뭐냐고 한다. 하지만 이 역시 사실과 다르다. 김대중 정부 2조7028억 원, 노무현 정부 5조6777억 원을 합쳐 총 8조 원이 넘는 대북지원이 있었다는 주장인데, 대북지원과 무관한 금액까지 억지로 구겨 넣은 짜깁기다.

세부 항목을 보면 허구성이 분명해진다. 대북지원에는 경수로 차관으로 김대중 정부 9271억 원, 노무현 정부 4473억 원이 포함되어 있는데, 이 돈은 특정 정부의 일방적 대북지원이 아니라 1994년 북미 제네바 협정 당시 경수로 건설을 위해 한국 정부가 부담하기로 한 액수다. 만약 이 돈을 문제 삼으려면 한국의 거액 분담금을 인정한 김영삼 정부에게 책임을 물어야 한다.

이 외에도, 8조 원이 넘는다는 대북지원 금액에는 국제사회와 함께 북한에 제공한 식량지원, 정상적 상거래행위, 개성공단과 금강산사업 투자액 등이 모두 포함되어 있다. 이명박 정부 시절인 2010년 10월에 국회 외교통상위에서 통일부가 공개한 자료에 따르면 실질적 대북 송금액 현황이 잘 비교되어 있다. 김영삼 정부 약 4조 원, 김대중 정부 약 1조5000억 원, 노무현 정부 약 1조6000억 원이다. 이명박 정부는 임기 절반인 2010년 6월까지 8600억 원이어서 비슷한 수준이다.

햇볕정책을 '퍼주기'로 규정하는 사람들은 개성공단 사업도 비슷한 논리로 접근한다. 개성공단이 사실은 김대중·노무현 정부의 이른바 '퍼주기' 정책 중 하나였다는 것이다. 개성공단 사업은 2000년 6·15공동선언에 따른 남북교류협력 사업으로 추진되어 2003년 착공식을 갖고, 2004년 시범단지 부지를 조성한다. 2007년 기반시설 준공과 함께 사업에 들어가 2010년 입주기업 생산액이 10억 달러를 돌파하고, 2012년 1월에는 북측 근로자가 5만 명으로 확대되었다.

전체를 보면 준비와 추진 과정은 김대중·노무현 정부고, 실제 사업 전개와 확대는 이명박 정부에 접어들어 본격화되었다. 또한 박근혜 정부 들어서도 이어진 정책이다. 다시 말해서 특정한 정부의 일이 아니라 네 정부에서 공통적으로 추진한 주요 정책이다. 게다가 2013년 남북관계가 경색되면서 개성공단이 중단된 후 그해 9월 박근혜 정부는 다음과 같은 내용이 담긴 '개성공단 정상화를 위한 합의서'를 북한과 체결한다. "남과 북은 통행 제한 및 근로자 철수 등에 의한 개성공단 중단사태가 재발되지 않도록 하며, 어떠한 경우에도 정세의 영향을 받음이 없이 남측 인원의 안정적 통행, 북측 근로자의 정상 출근, 기업재산의 보호 등 공단의 정상적 운영을 보장한다." 하지만 박근혜 정부는 2016년 2월 북한의 핵실험과 장거리 미사일 발사를 이유로 개성공단 사업 전면 중단 조치를 발표한다.

개성공단 사업을 '퍼주기' 관점으로 보는 것도 잘못이다. 우리의 이익이 더 크면 컸지 일방적인 지원 사업은 아니었다. 개성공단은 임금과 세금을 포함하여 매년 약 1억 달러에 못 미치는 금액을 투자해서 최소 15~30억 달러 이상을 생산해오던 곳이다. 남북관계가 험악한 상황이 자주 발생하고 불안정성이 예상되는데도 기업이 적극적으로 개성공단에 들어가려고 했던 것은 그만큼 큰 이익이 있기 때문이었다. 개성공단은 상당한 경쟁력을 갖춘 공단이고 남과 북이 서로에게 이익을 주는 사업이지, 일방적 퍼주기는 아니었던 것이다.

42 /

남한의 군사력은
북한보다 약하다

세계적인 권위를 갖는 미국 헤리티지 재단의 〈군사력지수 보고서〉에 따르면 북한이 군사력에서 압도적으로 우위에 있대요. 보통 차이가 아니라 남한이 북한에 무려 2대 11로 절대적 열세에 놓여 있다더군요. 남한은 장갑차와 헬기에서만 비교우위를 보이고 있어요. 남한이 병력은 물론이고 육군·해군·공군 전체를 통틀어 재래식 무기 대부분의 항목에서 뒤져요. 한국이 발전하기 위해서는 여전히 안보를 중심에 둬야 하고 무엇보다도 군비 확충에 더 적극적으로 나서야 해요.

북한의 군사력이 우세한가?

사람들의 눈길을 끌었던 헤리티지 재단의 군사력 보고서 내용은 사실 한국 국방부의 시각을 그대로 옮겨놓은 것이다. 보고서의 근거 자료가 한국 국방부의 국방백서다. 〈2014 국방백서〉에 따르면 육군·해군·공군 전체의 재래식 무기에서 남한에 비해 북한이 월등하다. 육군의 경우 전차는 남한 2400여 대와 북한 4300여 대, 야포 5600여 문과 8600여 문, 다연장 방사포 200여 문과 550여 문, 지대지 유도무기 60여 기와 100여 기로 대비된다. 해군의 경우 전투함정 110여 척과 430여 척, 상륙함정 10여 척과 260여 척, 기뢰전함정 10여 척과 20여 척, 지원함정 20여 척과 40여 척, 잠수함정 10여 척과 70여 척이다. 공군의 경우 전투임무기 400여 대와 820여 대, 공중기동기 50여 대와 330

여 대다. 전반적으로 북한이 훨씬 우세하다.

이 자료는 무기의 수를 단순 합산해서 비교한 수치다. 보통은 이를 근거로 한국이 대규모 군비 확충을 해야 한다는 논리가 동원된다. 심지어 북한의 국방력이 한국의 국방력을 앞서기 때문에 현재 주한미군이 갖고 있는 전시작전권을 우리가 돌려받으면 안 된다는 주장의 근거로도 쓰인다.

국방부조차 이러한 비교는 무리가 있음을 인정한다. 국방부 대변인은 2015년 2월 브리핑에서 다음과 같이 말한다. "북한의 T-34는 잘 아시다시피 2차 세계대전 때 나온 전차입니다. 과연 우리가 이를 전투력으로 볼 수 있을까요. 그런 아주 오래된 무기체계를 갖고 있는 것을 다 개수를 세어서 비교한다는 것은 전투력 비교에 큰 의미가 없습니다." 무기의 수를 비교하는 방식이 현실과는 전혀 맞지 않는다는 지적이다. 안보전문가들은 무기 수 비교는 안보연구에서 사라진 가장 원시적인 방법이라고 한다. 각 무기체계의 전투지수가 군사력 비교의 핵심이라는 것이다.

재래식 무기만을 놓고 본다면 당연히 한국의 전력이 앞선다고 봐야 한다. 한 국가의 군사력을 측정할 수 있는 가장 확실한 방법은 국방예산의 규모다. 국제 안보 분야에서 권위를 인정받는 영국의 국제전략문제연구소(IISS)는 이미 1975년에 한국의 국방예산(12억8600만 달러)이 북한(8억7800만 달러)을 앞섰으며, 현재는 아예 수십 배로 격차가 벌어져서 비교 자체가 의미가 없을 정도라고 분석한다. 1975년 이후 2010년까지의 누적 국방비 지출을 비교해도 약 10배의 차이가 생긴다. 해마다 세계 군사력 순위를 발표하는 글로벌파이어파워(GFF)에 따르면 한국은 연도마다 약간씩 차이가 있지만 대략 7~10위, 북한은 30~35위 수준이다.

국방예산 지출의 근간이 되는 경제지표를 보더라도 비교가 무의미할 정도로 큰 격차가 난다. 국민총소득이 북한에 비해 약 40배 이상 높다. 무역 총액은 한국이 약 150배나 많다. 실제로 전시 상황이 발생했을 때 병력의 기준이 되는 총인구를 놓고 보더라도 한국이 2배가량 많다. 그리고 각종 비교 항목에서 날이 갈수록 격차가 벌어지는 추세다.

그런데도 왜 북한에 비해 남한의 재래식 무기 군사력이 절대적으로 열세라는 주장이 자꾸 나올까? 그것도 수십 년째, 흘러간 옛 노래를 신곡인 양 발표하고 보수 언론들은 앵무새처럼 보도할까? 왜 국민들에게 한국은 북한에 의해 언제든지 망할 정도로 군사력이 취약하다는 공포감을 심으려는 걸까? 대체로 이러한 주장을 펼치는 세력이 남한이든 미국이든, 개인이든 기관이나 언론이든 공통적으로 보수 우익이라는 점이 특징적이다. 군수산업체 매출 증대와 무기 수출·수입 확대, 과도한 안보논리, 필요 이상의 국방예산 증액 등으로 경제적·정치적 이익을 볼 사람들을 의심해볼 수 있다.

한국이 실질적으로 열세인 부분은 핵무기와 대륙간탄도미사일 등 이른바 비대칭 전력이다. 만약 우리가 북한에 비해 약한 이 분야를 개발하자고 한다면 차라리 솔직한 주장일 수 있다. 그게 바람직한지 여부와 무관하게 논리적인 면만 따지면 말이다.

실질적인 전투력은 한국이 앞선다

재래식 무기의 실질적인 전투력 비교에서는 육군·해군·공군 모두 한국이 우위를 점한다. 일단 병력의 차이가 북한 우위의 근거가 되기 어렵다. 병력 100만 이상이라는 북한의 발표도 신빙성이 떨어진다. 전체 인구나 경제력으로 볼 때 허구적인 수치일 수 있다. 특히 예비 병력에서 북한이 더 많다는 주장은 터무니없다. 전시에 실질적인 예비 병력은 인구수에 비례하기 때문이다. 설사 실제로 북한의 병력이 더 많다고 해도 달라지는 것은 별로 없다. 현대 전쟁은 병력의 수로 전투력을 비교할 수 없다. 얼마나 순식간에 상대방 진영을 초토화할 수 있는 무기를 많이 보유하고 있는지가 중요한 문제다.

북한군의 무기를 흔히 박물관에 비교하곤 한다. 냉전 시대의 무기는 물론이고 심지어 2차 세계대전 당시의 무기조차 상당수에 이른다. 먼저 병사 개인 화기에서 북한은 오랜 기간 뒤처진 상태다. 휴대용 지대공 유도탄이나 휴대용 대전차미사일만 해도 한국이 강력한 위력을 가진 최신형으로 무장하고 있다면 북한은 수십 년이나 된 낡은 무기를 사용한다. 병력과 전쟁 물자 수송을 위한 차량이나 선박은 공급량이나 성능 등 모든 면에서 북한이 뒤처진다. 한국의 자동차회사나 중공업업체의 수준과 북한을 비교해보면 바로 답이 나온다. 개인 화기나 수송 장비가 이 정도니 기갑 장비는 말할 필요도 없다. 북한은 한국보다 많은 전차를 보유하지만 2차 세계대전 당시의 모델을 아직도 사용한다. 관통력이나 탄의 종류 등에서 파괴력이 강력한 현대 전차를 상대할 수 없다.

　해군이나 공군같이 막대한 예산이 들어가는 대규모 장비라면 격차는 더 커진다. 북한의 함정은 대공미사일을 제대로 갖추지 못했기 때문에 순식간에 괴멸한다. 현대전은 육군은 육군끼리, 해군은 해군끼리 하는 경기가 아니다. 대규모 장비를 동원한 전투는 누가 우수한 공군력을 지니고 있는가에 의해 판가름 난다. 일단 전투가 시작되면 북한의 모든 함정은 한국 공군이 발사하는 대함미사일의 제물이 될 가능성이 높다. 항공 전력은 한국이 압도적이기 때문이다. 북한의 전투기는 이미 오래전 단종된 기종들이라 제대로 된 부품을 조달하기도 어려워 대체품을 쓰는 등 사용도 어려울 정도라고 한다. 첨단 전투기 1대가 재래식 전투기 10여 대를 상대할 정도로 성능 차이가 크다. 북한의 전투기는 한국이 보유한 최첨단 공대공미사일이나 지대공미사일 앞에서 힘도 써보지 못하고 격추당할 운명이라는 것이다.

43 /

남북통일 이전에는 군비 축소가 불가능하다

남북통일이 실현되지 않는 한 군비 축소는 순진한 발상이에요. 북한은 신뢰할 수 없는 집단이니까요. 북한이 군비 축소와 관련하여 언급하는 내용은 오직 미군철수를 비롯하여 한국의 군사력을 약화시키기 위한 술수일 뿐이거든요. 지난 수십 년간 남북 대화나 여러 차례의 합의가 실효성 없이 끝난 것도 모두 이 때문이죠. 그런데도 북한을 상대로 안보와 관련하여 협상하고 실행 조치를 기대하는 사람들이 아직도 많아 문제입니다. 군비 축소는 오직 통일된 상황에서만 가능한 생각이죠.

평화협정을 통한 비핵화와 군비 축소가 합리적이다

그동안 남북은 꽤 여러 번 군비 축소 논의를 했다. 첫 움직임은 1962년 북한의 상호불가침협정 제안이다. 당시 북한 최고인민회의는 남북 당국 간에 상대방을 무력으로 공격하지 않겠다는 협약을 체결하자고 제의한다. 1963년에는 평화협정 체결을 제안한다. 상호불가침협정이나 평화협정은 곧바로 군비 축소로 연결되는 조치라는 점에서 최초의 언급이다.

일방적 제안을 넘어선 최초의 합의는 1972년 '7·4 공동성명'이다. 남북이 무력 도발을 하지 않고 대화를 통한 자주적 통일을 추구할 것에 합의한다. 통일 원칙 중 하나로 "서로 상대방을 반대하는 무력행사에 의거하지 않고 평화적 방법으로 실현하여야 한다"라는 내용이 들어가 있다. 또한 군사 사고 방지와 상호 문제 처리를 위해 상설 직통전화 가설에 합의하고, 남북조절위원회를 구성·운영하기로 합의한다. 만약 이후 합의대로 남북이 상호 책임 있게 진행했다면 군비 축소의 획기적 계기가 되었을 일이다.

북한에서는 1973년에 더욱 적극적으로 평화협정 체결을 강조한다. 무력증강 중지, 10만 명 이하로 군축, 외국으로부터 무기 및 군수물자 반입 중지, 미군철수 등을 제기한다. 1974년에는 박정희 대통령이 상호불가침협정을 북한 측에 제안한다. 북한의 지속적인 평화협정 제안에 대한 대응 측면이 강하다. 정전협정의 존속을 전제로 하는 남북 불가침협정을 체결하자는 내용이다. "지금 있는 정전협정만 잘 준수하더라도 전쟁을 막을 수" 있고, 상호불가침협정으로도 전쟁은 일어나지 않고 평화 정착이 가능하다고 밝힌다.

이후 군축으로 연결될 수 있었던 남북 간 협정은 1991년 '남북 사이의 화해와 불가침 및 교류·협력에 관한 합의서' 체결이다. 기본합의서의 불가침 부분에서 군비통제 추진을 위한 기본원칙에 합의하고 한반도 비핵화에 관한 공동선언도 이루어진다. 하지만 1992년 고위급회담에서 불가침 이행 및 준수를 위한 부속합의서를 채택한 것을 끝으로 북한의 핵개발 문제로 인해 군비통제 논의는 완전히 중단된다.

수십 년이 넘게 남북 사이에 여러 차원의 논의가 있었지만 실질적으로 군축과 연관된 아주 작은 조치도 제대로 실행되지 못했다. 특히 지난 20년 가까이는 북한 핵문제까지 결합되면서 군축은커녕 오히려 군비 확장의 분위기가 더욱 강해졌다. 북핵 문제는 남북 간 군비 축소

논의를 포함한 모든 문제를 빨아들이는 블랙홀이 됐다. 게다가 최근 사드 배치 문제까지 겹치면서 동북아의 군사적 긴장이 높아지고 남북 관계도 군사적 충돌 가능성이 커지는 쪽으로 바뀌어왔다.

문제를 종합적으로 해결하기 위해서는 부분적인 조치가 아니라 더 근본적인 접근이 이루어져야 한다. 이와 관련하여 중국 정부가 공식적으로 제기한, 북핵 문제 해결과 연동된 평화협정 체결 방안은 진지하고 전향적인 검토가 필요하다. 비핵화-평화협정 동시 체결 추진 방안은 남북관계를 복원하고 한반도에 항구적인 평화를 담보해내는 가장 적극적이면서도 합리적인 방안이다.

먼저 평화협정은 그동안 북한이 요구한 사항이지만 한국으로서도 반드시 필요한 방향이다. 한국전쟁 이후 현재까지 한반도는 정전협정 상태다. 국제법상으로는 전쟁이 끝나지 않은 것을 의미하기 때문에 완전한 분쟁종식이라고 볼 수 없다. 전쟁을 종결하고 평화를 회복하기 위해 반드시 맺어야 할 조약이라는 점에서, 국제적 시각과 합리적 설득력 측면에서 한국이 기피할 명분이 약하다.

또한 북한은 북한대로 체제 보장이 되어야 핵무기 개발을 멈출 수 있다는 입장이다. 단순히 말로만 인정하거나 정권이 바뀌면 효력이 사라질 수 있는 '선언'이 아니라 국가 간 조약으로서, 국제법상 효력을 갖는 장치로서 평화협정이 북한을 설득할 가능성이 있다. 현재로서는 한반도 비핵화와 사드 배치 문제, 군비 축소 문제 등을 함께 풀어나갈 수 있는 거의 유일한 핵심 고리가 평화협정 체결인 것은 분명해 보인다.

한반도에서 군비 축소가 중요한 이유

군비 축소는 몇 가지 점에서 남한과 북한 국민 모두에게 큰 이익을 가져다줄 중요한 정책 과제다. 먼저 군비 축소는 남북이 군사적 갈등을 줄이고 평화로 나아가는 가장 중요한 분기점이다. 한반도 군사적 긴장 완화 분위기에서 만들어지는 동시에 긴장 완화를 지속적·체계적인 흐름으로 만들어나갈 조치다. 반대로 끝이 보이지 않는 군비 경쟁은 군사적 긴장을 상시적으로 고조시키기 마련이다.

한반도는 반세기가 넘도록 끝없이 재래식 군비 경쟁을 해온 결과 군비 밀도에서 세계 최고 수준이다. 남북의 정규군 병력을 합하면 세계 최강 군사대국인 미국(130만 명)보다도 많다. 독일(35만 명)이나 일본(24만 명)은 비교 대상도 안 된다. 전차나 포 등의 재래식 무기 역시 단위면적당 분포에서 세계 최고 수준이다.

자위적 조치라는 명분 속에 추진되는 군비 경쟁이 오히려 서로의 안전을 위협하는 역설적인 상황이 너무나 오래 연장되고 있다. 첨단 무기로 무장한 군비 경쟁은 평화와 화해보다는 갈등과 충돌을 부추긴다. 2017년 세계 평화의 날에 "군비 경쟁은 평화를 보장하지 못하며, 전쟁의 원인을 제거하기보다는 오히려 증대시킬 위험이 크다"며 군비 축소를 촉구한 프란치스코 교황의 담화는 한반도에 가장 절실한 메시지다.

군비 축소는 남북 모두의 경제와 복지 면에서도 중요한 문제다. 군비 경쟁은 경제적인 부담을 키운다. 과도한 국방비 지출은 복지예산

확충을 가로막는 요소다. 현재 한국의 국방예산은 약 40조 원에 이르는 막대한 규모다. 국방비의 3분의 2 이상이 전력 유지와 병력 운용 등 경상비로 들어간다. 방위비 증강 예산은 3분의 1 미만에 불과하다. 한국의 복지예산이 한 해 약 130조 원이라는 점을 고려할 때 상당한 부담이다. 오랜 기간 심각한 경제적 어려움을 겪는 북한 사정에서는 국방비 지출이 경제와 복지 발전을 가로막는 핵심 요인으로 작용할 것이 분명하다.

국방비 지출 항목을 볼 때 가장 시급한 군비 축소 분야는 병력 감축이다. 현재 남북한이 서로 과다한 병력을 보유해 엄청난 경제적 부담을 안고 있다. 비용 부담만이 아니라 생산 인구의 확충이라는 면에서도 가장 절실한 과제다. 남한과 북한이 서로 30만 명 수준으로만 감축해도 부담은 대폭 줄어든다. 그만큼 남북 국민의 실질적 삶의 질이 크게 향상될 것이다.

44 /

분단 상황에서 대체복무와 모병제는 불가능하다

한국은 전쟁을 겪었고 군사적 긴장도 높아서 징병제를 채택하고 있죠. 일정 연령과 조건의 모든 남성을 징집하는데, 양심적 병역거부에 대한 대체복무가 허용되면 형평성 원칙이 무너져요. 군사훈련 기피 수단으로 악용되기 십상이고요. 요즘에는 아예 징병제 자체를 반대하고 모병제를 주장하는 사람들도 있던데 위험한 발상이에요. 모병제는 병력 부족을 초래하거나 군기가 약해져 전체적으로 안보에 문제를 일으켜요. 또한 국방비 증가로 다른 예산이 줄어 한국사회 전반에 악영향을 주죠.

징병제여서 대체복무가 허용될 수 없는가?

한국사회에서 오랜 기간 군사와 안보는 성역에 가까웠다. 군대와 관련해 문제 제기나 비판을 하면 불온 세력이라는 딱지가 붙기 십상이었다. 성역이자 금기에 가까웠던 군사와 안보 영역에서 사회적 논란을 불러일으킨 대표적 문제가 '양심적 병역거부'와 모병제 주장이다.

병역법은 현역 입영 또는 소집 통지서를 받고 정당한 사유 없이 불응하면 3년 이하 징역형에 처하도록 규정한다. 대다수 판사는 이를 근거로 '양심적 병역거부'에 대해 복무 기간에 상응하는 1년 6개월 이상의 실형을 선고해왔다. 매년 전국적으로 600명가량이 처벌받는다. 이 법 조항에 대해 헌법재판소는 2004년과 2011년 두 차례 합헌 결정을 내린 바 있다. 다만 2011년 합헌 결정 시 양심을 보호하는 입법

조처를 권고했다.

하지만 몇 년 사이에 양심적 병역거부에 대한 무죄판결 건수가 부쩍 늘어나고 있다. 최근 1년 사이에만 대략 10여 건에 이른다. 이에 대해 사회적 재논의가 필요하다는 판사들의 소신 판결이라는 분석이 많다. 양심적 병역거부와 대체복무제에 대한 여론조사에서도 몇 년 전까지는 3분의 2 가까이가 반대했지만, 최근에는 찬반 양측이 팽팽하다.

양심적 병역거부는 대부분 병역 자체의 거부가 아닌, 종교적 신념 등을 이유로 군사훈련을 거부하는 경우다. 다른 사람을 죽이는 훈련, 일종의 살인연습인 집총과 군사훈련을 안 하는 대체복무를 허용해달라는 입장이다. 반대 입장에서는 군에 입대하는 대다수 남성과의 형평성이나 병역기피 악용 가능성 등을 이유로 든다.

양심적 병역거부자에 대한 징역형 처벌로 인해 한국은 인권 후진국이라는 오명을 받을 정도로 많은 사람이 감옥에 갇혀 있다. UN 인권이사회의 〈양심적 병역거부에 관한 분석보고서〉에 따르면 세계 각국에서 종교적인 이유로 군 복무를 거부해 교도소에 갇힌 사람 가운데 한국인이 약 90%를 차지한다. UN 시민·정치적 권리위원회는 한국의 양심적 병역거부자 처벌이 양심의 자유와 종교의 자유를 보장한 규약에 어긋난다며 정부에 개선을 권고했다.

국제적 추세도 양심적 병역거부를 인정하는 방향으로 가고 있다. 징병제를 유지하는 80여 국가 중에서 30여 국가가 양심적 병역거부권을 인정한다. 징병제 국가인 대만, 덴마크, 독일, 러시아, 스웨덴, 오스트리아, 이스라엘, 폴란드, 핀란드 등은 양심적 병역거부자에 대한 대체복무를 시행 중이다. 이들 나라에서는 현역을 사회복무 등으로 대체한다.

UN 인권이사회 역시 양심적 병역거부로 인한 갈등 해소를 위해 대체복무제 도입을 권고하고, 우리 대법원이나 헌법재판소, 국가인권위원회도 대체복무제 입법화를 권고한다. 정부에서도 일반 군인과의 형평성을 고려해 전남 소록도의 한센병원, 경남 마산의 결핵병원, 서울의 정신병원 등 근무 강도가 높은 곳을 지정하고, 기간도 훨씬 길게 하는 쪽으로 대체복무 방안을 제시했다가 국민적 합의를 이유로 철회한 바 있다.

상식적으로 1.5배 정도 근무 기간이 길고 어려운 일을 시키는데 이를 기피 수단으로 선택하는 사람이 과연 얼마나 있겠느냐는 주장이 많다. 하지만 이와 관련하여 대체복무에서 부여하는 일이 보복적인 성격이어서는 곤란하다는 비판도 있다.

분단국가에서는 징병제가 유일한 방법인가?

좀 더 근본적인 문제 제기도 있다. 징병제 자체에 대한 반대다. 징병제는 사회 구성원 모두에게 나라를 방위할 의무를 지우고 이를 실천하도록 강제하는 제도다. 일정 연령의 자격을 갖춘 국민에게 징병검사를 받고 군대에 일정 기간 복무하도록 법으로 강제한다. 최근에는 한국도 모병제로 전환하거나, 징병제와 모병제를 섞은 혼합병제 방식으로 가야 한다는 제안이 조심스럽게 나온다.

이러한 제안은 2017년 대선 보수 정당 당내 대통령 후보 중 한 사람이었던 남경필 경기도 지사의 주요 정책으로 제기되어 뜨거운 관심을 받았다. 그는 "돈 없고 빽 없는 사람은 힘든 보직을 받고, 빽 좋은 사람은 꽃보직을 받는 지금의 현실"은 정의롭지 못하다고 비판했다. 그는 또한 "자유의사에 따라 자유롭게 선택하고, 노력한 만큼 정당한 결과를 얻어야 정의로운 사회"라고 했다. 어쩔 수 없이 의무로 가는 게 아니라 가고 싶은 군대가 되어야 한다는 것이다. 이를 위해서는 직업군인제인 모병제를 통해 보수나 근무 조건을 개선해야 한다고 주장했다.

세계의 전반적 추세는 징병제에서 모병제로 전환하는 방향이다. 병사의 수에 의존하던 과거의 군대에서 벗어나 첨단 무기를 중심으로 한 현대전 양상에 맞도록 전문적 직업군인 중심의 군대로 가는 나라가 많다. 유럽을 보면 1963년에 영국이 가장 먼저 모병제를 실시하고, 대부분의 국가는 1989년 소련과 동구 공산주의 붕괴로 냉전이 종식된 1990년대 이후 모병제로 전환한다. 아직도 유럽에서 징병제를 고수하는 나라는 노르웨이와 스위스 정도다.

한국 모병제 도입 주장에 대해 비현실적 주장으로 치부하는 사람이 많다. 분단 조건을 근거로 터무니없는 발상이라며 말을 잘라버린다. 하지만 한국과 함께 분단국가인 대만이 징병제를 폐지하고 2018년에 모병제로 전환했다. 병력이 27만 명 수준이었는데, 2015년부터 단계적으로 징병제를 폐지하고 21만5000명의 직업군인만으로 군을 유지할 계획이다. 대륙에서 패해 대만으로 퇴각해온 이래 68년간 유지해온 의무 징집제가 사라지는 것이다. 대만은 한국과 마찬가지로 대규모 내전을 겪었고 지금도 군사적 긴장이 상당하다. 우리는 한국이 경제적·군사적으로 우위에 있지만, 대만과 중국은 정반대여서 국방에 대해 더 신경을 쓴다. 그런 면에서 볼 때 '분단 상황에서 무조건 징병제'라는 도식이 흔들릴 처지다.

모병제로 가면 무조건 군대가 약화된다는 사고방식이 편견인 것은 분명하다. 병력을 다소 줄이더라도 현대전에 걸맞은 무기와 병력 체계를 만드는 것이 전투력 상승에 더 큰 기여를 할 수도 있다. 군인을 직업으로 택한 사람들이기 때문에 직업의식, 국가에 대한 소명의식 등을 높이는 데 유리한 면이 있다. 임금과 혜택으로 군인으로서의 역량을 충분히 발휘하게 하여 효율성을 높일 수 있다.

모병제는 징병제 군대에서 나타나는 비리나 폭력의 문제를 해결할 수도 있다. 의무 징집 방식일 때 특권층 자제들이 징집을 피하는 병역 비리가 만연한다. 또한 한국 군대가 그러하듯이 군대 내 폭력을 비롯하여 반인권 범죄로 몸살을 앓았다. 군인으로서의 소명의식과 무관하게 강제로 만들어놓은 집단이기 때문에 비정상적·폭력적 관계가 만들어진 것이다. 모병제가 건강한 관계와 규율을 만드는 데 상대적으로 용이하다.

45 /

예비군이 없으면 안보에 구멍이 뚫린다

종종 예비군을 폐지하자는 말이 나오는데요. 북한이라는 상대를 앞에 두고 무장 해제를 자초하니 정말 어이없는 주장입니다. 북한은 막강한 재래식 전력을 갖고 있을 뿐만 아니라 최근에는 핵무기까지 개발한 것으로 알려져 있어요. 남북 사이에 군사적 긴장도 여전하고요. 연평 해전이나 천안함 사건만 봐도 북한이 얼마나 위험한 상대인지 분명하잖아요. 그런데 정규군과 함께 안보의 한 축을 담당해온 예비군을 폐지하자고요? 평화를 원한다면 전쟁에 철저히 대비해야 합니다.

예비군은 누가, 언제, 왜 만들었을까?

대부분의 한국 남성은 군대 복무 후에 상당 기간 예비군에 편제되어 군사훈련을 한다. 예비군은 "일하면서 싸우고 싸우면서 일한다"는 기치에서 알 수 있듯이 국군의 예비 전력으로서 평상시에는 사회생활을 하고 정기적으로 훈련을 하다가 유사시에 소집된다. 현재 전체 인원이 300만 명을 넘는다.

예비군은 언제 만들어졌을까? 언뜻 생각하기에는 한국전쟁과 함께 만들어져서 지금까지 이어져오고 있을 것 같다. 최초 예비군은 한국전쟁 1년 전인 1949년 '호국군'이라는 이름으로 잠시 운용되다가 그해 8월에 해체되기 시작했다. 한국전쟁 중에는 국민방위군이 있었는데, 각종 부정부패로 1951년 해산되었다. 그 후 20년 가까이 한국

사회에는 예비군이 없었다. 심지어 군사쿠데타로 정권을 장악한 박정희 대통령 아래에서도 상당 기간 예비군은 없었다.

1968년 김신조 등 북한 민족보위성 정찰국 소속 무장공비 31명이 청와대 기습을 목적으로 침투한 1·21 사건을 계기로 예비군 제도가 도입되어 현재에 이른다. 예비군은 창설 계기에서 볼 수 있듯이 무장공비의 공세와 대남 유격에 대처하여 향토방위 체제를 확립하는 데 목적을 둔다. 남한과 북한의 전면전이 아니라 무장공비의 침투나 그에 의한 무장 소요가 있을 때 적을 진압하고 소멸시키는 데 초점을 둔 것이다.

기간에 따라 훈련 내용과 방식은 다소 다르다. 현역병 출신의 경우 예비군훈련 대상은 1년차부터 6년차까지다. 동원지정자는 1~4년차의 경우 동원훈련을 한다. 전쟁 발발 시에 예비전력을 동원한다는 가정하에 실시하는데, 동원부대에서 2박 3일간 숙식하며 28시간 훈련을 받는다. 동원 미지정자는 동원미참훈련 3일(24시간)과 전·후반기 향방작계훈련(12시간)으로 총 36시간의 훈련을 이수한다. 5~6년차 중 동원지정자는 지역 예비군 훈련장에서 기초적인 군사훈련인 향방기본훈련 8시간, 향방작계훈련 6시간, 소집점검 4시간을 받는다. 미지정자는 향방기본훈련 8시간, 향방작계훈련 12시간을 이수한다. 7~8년차는 소속 부대에서 전시를 대비하여 훈련 없이 소집만 점검한다.

남북이 잦은 군사적 충돌 상황이었고 남한이 군사정권 시대인 조건에서 만들어졌으니 이후 민주화와 남북관계 개선 등의 과정을 겪으면서 예비군이 약화되었을 것이라 생각하기 쉽지만 사실은 다르다. 최근 들어 오히려 훈련을 늘리는 방향으로 계획이 수립되었다. 국방부는 '국방개혁 2020'을 통해 훈련의 질을 높이는 정예화를 추진했다. 동원훈련 기간이 종전 2박 3일에서 2020년부터는 3박 4일로 늘어나며, 향방 훈련 시간도 지금의 한 해 18~20시간에서 2020년까지 36시간으로 확대된다. 예비군이 사용하는 장비도 꾸준히 개선하고 있다. 과거에는 군대에서 쓰지 않는 구형 개인 화기를 사용했으나 이제는 국산화에 따라 최신형 무기가 쓰인다. 최신식 통신 장비와 기동 장비, 그리고 포까지 보유하여 점차 장비의 신형화와 중무장 태세를 갖춘다.

예비군, 유지인가 폐지인가?

예비군을 당연시하는 현재 우리의 상식과는 다르게 처음 창설될 때부터 상당히 격한 반대가 잇따랐다. 예비군이 설립되던 해인 1968년 6월 김영삼 의원 등 국회의원 41명은 예비군법 폐지안을 발표한다. 야당에서는 전면전이 아닌 공비 침투에 대처하기 위해 큰 혼란을 초래할 수 있는 예비군 전면무장을 할 필요는 없다며 반대의 뜻을 분명히 했다.

1971년 대선 당시 김대중 신민당 대통령 후보는 예비군과 민방위 폐지를 주요 공약으로 내세웠다. 그는 80만 명의 인파가 몰린 장충단 공원 연설에서 예비군 폐지를 역설했다. "공화당과 신민당은 각각의 정책이 있지 않소. 예비군이 그렇게 좋으면 당신들 하란 말이오. 내가 정권 잡아서 없애겠다는데 무슨 시비냔 말이오. 나는 예비군 없어도 이 나라 국방 자신 있다는 말이오. (…) 군대에 이어서 이중 병역이지 않소. 군대 갔다 왔으면 됐지 뭐하러 또 예비군 갔다 오라는 말이오, 헌법 위반이오."

선거 기간 내내 박정희 후보와 여당은 예비군 폐지 공약을 집요하게 물고 늘어지면서 나라가 금방 공산화될 것처럼 몰아붙였다. 당시 여당 측의 극심한 선거 부정에도 불구하고 김대중 후보가 45.2%를 득표했다는 것은 그만큼 예비군 폐지에 대한 국민적 지지가 상당했음을 보여준다. 선거 이후 대통령 지위에 위협을 느낀 박정희는 1972년 국가의 정상적인 기능을 중단시키고 유신헌법을 제정하여 '유신체제'로 돌입한다. 예비군 폐지 주장은 '빨갱이'로 사실상 처벌 대상이 되었다.

이후 전두환 신군부에 의한 5공화국에 이르기까지 예비군 폐지는 정권에 의해 금지된 말이었다. 찬성과 반대를 떠나 적어도 정권이 예비군을 창설한 후 몇 년 동안은 상식의 문제가 아니라 논란의 대상이었음은 분명하다. 또한 군사정권 아래에서 이에 대한 문제 제기나 비판이 억압 대상이었음도 분명하다. 나중에 2008년이 되어서야 대선 당시 정동영 후보가 예비군과 민방위 소집 폐지를 공약으로 내세운다.

예비군 폐지 입장에서는 몇 가지 근거를 든다. 먼저 예비군이 없으면 안보에 구멍이 뚫리는 게 아니라고 한다. 예비군이 그 많은 사람을 오랜 기간 붙잡아두고 엄청난 예산을 쏟아붓는 데 비해 국방 전투력에 기여하는 바는 극히 미미하다는 점을 지적한다. 이미 오래전부터 남북 사이의 군사적 대치는 첨단 무기와 핵무기를 둘러싼 양상으로 바뀌었다. 이러한 상황에서 예비군 집착은 사회적인 측면만이 아니라 군사적인 측면에서도 자원의 효율적 운용을 오히려 저해한다는 비판이다. 엉뚱한 곳에 동원한 경험이 꽤 많았던 것도 예비군이 효율성 없는 집단임을 보여준다. 특별한 쓰임새가 없던 예비군을 1990년대에는 종종 방범 활동에 동원했다.

많은 정부에서 예비군이 정권 유지를 위해 정치적으로 악용된 점도 문제다. 예비군 훈련 프로그램의 하나인 정신교육 시간은 강사나 교관이 안보를 빙자하여 극우적인 관점이 다분한 내용 위주로 진행하는 경우가 많다. 교육이라는 명분을 이용하여 특정 정치 이념과 특정 정당의 사상을 주입한다. 게다가 300만 명이나 되는 사람이 군대 복무 이후에도 예비군으로 동원되는 현실은 사회적으로 군사문화를 강화하여 결과적으로 우익 세력의 유용한 정치적 수단으로 작용한다.

일부이기는 하지만 예비군 강제 동원 때문에 생업에 지장을 초래하는 경우가 생기는 점도 무시할 수 없는 문제다. 지역 예비군의 대다수를 차지하는 자영업자나 일용근로자의 경우 며칠 동안이든 온종일이든 예비군 훈련을 가면 생계유지에 적지 않은 악영향을 준다. 직장처럼 월급에 지장을 주지 않으면서 시간을 빼주는 게 아니기 때문이다.

46

북한의 약속 불이행이 한반도 위기의 근원이다

핵문제를 비롯하여 북한의 거짓말은 어제오늘의 일이 아닙니다. 문제 해결의 기회가 번번이 거짓말 때문에 무산되고 한반도 위기는 갈수록 심각해졌죠. 대표적인 게 1994년 제네바 합의를 통해 경수로 원전 지원 대가로 핵능력 증강을 중단하겠다는 약속을 뒤집은 일이고요. 나아가 6자 회담 결과로 2005년 9·19 합의를 했는데도, 북한은 핵능력 증대로 국제사회를 속였죠. 개성공단 사업에도 불구하고 핵개발을 지속한 것도 마찬가지고요. 항상 북한의 약속 불이행이 문제를 일으켰어요.

북한의 약속 불이행으로 항상 합의가 깨졌는가?

한국전쟁 후 지금까지, 특히 핵문제와 관련하여 세세하게 따지면 북한이 여러 차례 거짓말을 하거나 약속을 어긴 적이 있는 것은 부정할 수 없는 사실이다. 하지만 한국이나 미국은 늘 약속을 충실하게 이행했는데, 북한의 약속 위반이 항상 문제를 일으켰다면서 모든 책임을 북한으로 돌리는 태도 역시 현실을 정확히 반영하는 것은 아니다. 한국이나 미국도 합의 이행에 성실하지 못하거나 사실상 위반한 경우가 적지 않다.

사실 핵문제는 겉으로 드러난 1990년대 이전으로 거슬러 올라간다. 1953년 정전협정은 "조선 국경으로부터 증원하는 군사인원을 들여오는 것을 정지한다"와 "조선 국경 외로부터 증원하는 작전비행기,

장갑차량, 무기 및 탄약의 반입을 정지한다"라며 한반도에 병력과 무기 반입을 금하는 데 합의했다. 북한이 소련의 무기 도입으로 약속을 어겼지만, 한국과 미국도 한미상호방위조약을 근거로 각종 군사장비를 대거 들여왔다. 심지어 미군은 남한 지역 내 핵무기를 반입했을 가능성이 크다. 1991년 한반도 비핵화 선언도 한국 내 미국 핵무기가 문제의 한 축이다. 이미 문제의 시작부터 한국과 미국도 약속을 어겼던 것이다.

가장 큰 문제가 되는 1994년 '제네바 합의'와 관련해서는 사실 미국의 약속 불이행이 큰 문제였음을 부인하기 어렵다. 북한이 핵 활동을 중지하는 대가로 북미 수교를 하고 200만kW 경수로 원전을 지어주기로 했다. 그러나 클린턴 정부 임기 내 수교 협상은 시작도 하지 않았다. 경수로 공사도 여러 이유로 지연되다가 부시 정권으로 바뀌면서 합의를 철회한다. 대북 합의는 대부분 지켜지지 않았고, 핵개발 중단의 가장 중요한 합의가 깨졌다.

2005년 6자회담의 결과로 나온 '9·19 합의'도 북한의 약속 불이행만으로 몰아붙이기 어렵다. 부시 정부는 바로 그다음 날 대북 경제제재를 시작했다. 북한이 위조지폐를 만들고 돈세탁을 했다는 죄목으로 마카오에 있는 은행의 북한 계좌를 동결시켰다. 미국의 제재 1년 후인 2006년 10월 북한은 1차 핵실험을 단행했다. 북한의 일부 혐의가 사실이라고 해도 두 사건이 별개라고 말하기는 어렵다. 제재에 대해 북한이 어떤 태도로 나올지 뻔히 알면서 내린 조치라는 점에서 사실상 판을 깨버린 데는 미국의 책임이 작지 않다.

남북 간의 개성공단 사업도 적어도 약속 이행이라는 점으로만 좁혀서 보면 한국 측이 그렇게 떳떳한 처지는 아니다. 개성공단을 진행하면서 여러 차례 갈등과 위기를 겪었다. 2008년에도 위기가 찾아왔을 때 개성공단 입주기업 대표들은 김문수 경기도 지사와 만나 남북 당국 간 비방 전단 살포 금지 합의 약속이 지켜지지 않으면 개성공단 내 기업 경영이 존폐 위기를 맞을 수 있다며 대책을 호소했다. 기업 대표들은 "일단 공개적으로 남북합의서에 대북 전단을 뿌리지 않기로 약속했고 북한은 중단했는데 우리는 약속을 어긴 것이 됐다"면서 대북 전단 살포를 "남북관계의 긴장감을 유발시키는 행위"로 규정한 바 있다.

2014년에 개성공단을 폐쇄하느냐 유지하느냐의 기로에 섰을 때 정상화를 위해 당국 간 회담을 갖고 '개성공단 정상화를 위한 합의서'를 채택했다. 1항에 "남과 북은 통행 제한 및 근로자 철수 등에 의한 개성공단 중단 사태가 재발되지 않도록 하며, 어떠한 경우에도 정세의 영향을 받음이 없이 남측 인원의 안정적 통행, 북측 근로자의 정상 출근, 기업재산의 보호 등 공단의 정상적 운영을 보장한다"라고 명확히 규정했다. 하지만 2016년 한국 정부는 "어떠한 경우에도 정세의 영향을 받음이 없이"라는 합의에도 불구하고 북한 핵문제를 이유로 개성공단 폐쇄 조치를 기습 강행했다.

한반도 위기를 부추기는 관점은 위험하다

남북관계를 충돌로 이끌어가서 위기를 부추기는 관점이 있다. 북한은 협상 대상이 될 수 없다는 관점이 대표적이다. 한국 내에 퍼져 있는 견해지만 뿌리를 추적하면 메이드 인 아메리카다. 앞에서 보았듯이 협상을 통한 핵 위기 해소에 미국, 특히 미국 극우세력은 상당히 부정적이다. 미국 대외정책과 군사정책에 가장 큰 영향을 미치는 요인은 군산복합체 이익이다. 2차 세계대전 이후 군산복합체 이익이 곧 미국의 이익으로 굳어져왔다.

핵협상 무용론의 논리적 귀결은 둘 중의 하나로 연결된다. 하나는 군사적 해결이다. 하지만 군사적 응징이나 선제공격은 최대한 긴장을 불어넣는 역할을 하고 실제 행동으로는 옮기지 못한다. 만약 북한과 전쟁을 한다면 결과적으로 한국과 미국이 승자가 될 수 있겠지만, 한국 주요 도시와 시설 대부분이 파괴되고 대량 살상이 일어나 회복 불가능한 상황에 처한다. 다시 말해서 한국이 실제로는 행동으로 옮길 수 없는 정책이다.

이러한 사정은 미국도 마찬가지다. 미국의 북한 공격은 북한과 사실상의 군사동맹 관계인 중국과의 전면 충돌을 불러일으킨다. 군사적 해결이 가능했다면 영변 핵 기지 폭격을 준비했던 1994년 핵 위기 때 실행에 옮겼을 것이다. 당시에 카터 전 대통령이 북한으로 들어가 김일성과 협상한 데는 군사적 해결이 불가능하다는 최종 판단이 내려졌기 때문이다.

현실 불가능한 해결책인데도 당장 감행할 듯 요란을 떠는 이유는 군사적 긴장 극대화로 군대 의존도 상승과 군비 확충을 원하는 세력의 이익을 충족하는 데 있는 듯하다. 위협을 느끼는 북한으로 하여금 핵무장을 더욱 부추기는 방식이라는 점에서 결과적으로 북한이 핵무장을 해도 상관없다는 태도이기도 하다. 그러면 한반도의 군사적 긴장은 영구화되고 군부의 이익과 군산복합체의 이익에 더할 나위 없이 훌륭한 조건을 만들어준다.

　핵협상 무용론의 다른 하나의 논리적 귀결은 북한 붕괴론이다. 예전에 나온 '통일 대박론'도 북한의 임박한 붕괴를 전제로 한다. 협상은 북한을 공존 상대로 인정한다는 의미다. 핵협상 성공은 협력적 관계를 맺고 경제적·사회적 교류를 확장한다는 전망을 함축한다. 반대로 협상이 필요 없다는 것은 북한 사회를 무너뜨리는 쪽으로 정책 전환을 했다는 의미다.

　이는 심각한 판단 착오다. 북한 붕괴의 근거는 경제적 어려움이 지속되고 국제사회의 압박이 강화되면 내적으로 동요가 일어나 붕괴로 이어질 것이라는 기대다. 하지만 그동안 대규모 자연재해와 식량위기를 비롯하여 여러 차례 심각한 위기가 닥쳤지만 붕괴의 조짐은 보이지 않았다. 또한 비현실적인 예상이긴 하지만 설사 북한이 붕괴했다고 가정해보자. 과연 한국에게 유리할까? 한국이 경제적·사회적으로 이를 감당할 만큼, 동독을 품을 수 있었던 서독만큼 튼튼한지에 대해 회의적일 수밖에 없다. 북한 붕괴는 대박은커녕 한국에도 재앙일 수 있는 상황이라는 점에서 참으로 위험한 발상이다.

47 /

통일이 되면
통일비용 때문에
망한다

통일비용이 엄청나대요. 조사 기관마다 차이는 있지만 대략 3000조~4000조 원이 될 거라고 해요. 한국경제는 이 정도의 액수를 감당할 수가 없어요. 게다가 비용만으로 해결할 수 없는 문제도 많죠. 밑 빠진 독에 물 붓듯이 북한에 엄청난 돈을 퍼주는 과정에서 나랏빚이 빠르게 증가할 수밖에 없어요. 급작스러운 신용등급 하락으로 외국인 투자 자금의 급속한 이탈이 불을 보듯 뻔해요. 원화 가치가 요동치면서 금융시장이 대혼란에 빠지기 십상이고요. 한국경제가 나락으로 떨어질 거예요.

막대한 통일비용이 드는 건 사실이다

남북 통일비용 계산은 쉽지 않다. 워낙 다양한 분야에 걸쳐서 막대한 비용이 들어가는 데다 북한에 대한 정보가 상당히 제한적이기 때문이다. 다만 비교를 통해 짐작할 수 있는 자료는 있다. 바로 우리에 앞서 실제 통일 경험을 갖고 있는 독일의 통일비용이다.

독일 통계에 기초하여 통일 이후 20년 동안(1990~2009년) 들어간 비용을 총 산출하면 최대 약 1조6000억 유로에 이른다. 약 2000조 원에 해당하는 막대한 비용이다. 여기에 매년 평균 약 100억 유로씩 추가 투입된다고 하니 현재까지 약 200조 원 정도가 더 들어갔다고 봐야 한다. 그럼에도 불구하고 통일된 지 한참이 지난 현재까지도 동독 지역의 경제력은 아직도 서독 지역의 70~75% 정도에 불과하다.

독일의 통일비용을 한국에 그대로 적용하기는 어렵다. 왜냐하면 통일 당시의 서독 및 동독 사정과 현재 남북 사정이 전혀 다르기 때문이다. 훨씬 더 많은 비용이 들어간다고 봐야 한다. 당시 서독은 미국에 이어 세계 2위의 경제대국이었고, 동독도 동구 사회주의권 중에서 경제적인 측면에서 가장 모범적인 국가라는 평가를 받을 정도로 상당한 경쟁력을 갖고 있던 상태다. 그런데도 여러 영역에서 서독이 동독에 앞섰다. 통일 당시의 동독과 서독 사이의 경제력 차이를 보면, GDP 총액은 8.1배, 1인당 GDP는 2.1배, 무역 규모 13.1배, 인구수는 3.8배 차이가 난다.

한국은 독일만큼 막강하고 안정된 경제력을 갖고 있지 않다. 북한 사정은 더 심하다. 동독과 비교가 어려울 만큼, 최악이라는 말이 적당할 정도의 상황이다. 북한에 대한 정보가 부족하긴 하지만 대략 현재 남북한의 경제력 차이를 비교하면, GDP 총액은 40배 이상, 1인당 GDP는 20배 이상, 무역 규모 100배 이상, 인구수는 2배 정도다.

당연히 독일에 비해 훨씬 많은 통일비용 지출이 불가피하다. 연구 주체와 조사 방법에 따라 제각각이어서 산출 내용도 다양하다. 영국 주간지 《이코노미스트》는 2016년에 "한반도에서 남북한 통일이 이뤄진다면 그 비용은 보수적으로 계산해도 1조 달러(약 1172조 원)에 이를 것"이라고 했다. 현재 한국 GDP에 거의 육박하는 금액이다. 위의 독일 통일비용이 20년에 해당하는 것임을 감안할 때 4~5년 동안 투입될 금액으로 한정하면 수긍할 만하다. 국회 예산정책처 보고서에서는 통일 후 50년간 통일비용을 최소 2316조 원에서 최대 4822조 원으로 추산한다. 50년 기간이라면 상당히 적게 계산된 금액인 듯하다.

비용은 다양한 분야로 들어간다. 북한 지역의 낙후된 생산설비를 교체하거나 각종 사회간접자본을 보완·신설하는 데 막대한 비용이 예상된다. 무엇보다도 복지 분야에 예상 외로 많은 비용이 들어가리라 예상된다. 과거 독일의 경우를 보더라도 통일비용의 절반 이상이 사회복지 부문에 사용되었음을 고려해야 한다.

현재 북한은 영양 부족에 시달리고 있는 주민이 많을 정도로 열악하다. 연금, 의료, 육아, 주거, 기초생활보장 등 사회보장 체계를 마련하는 데 동독과 비교할 수 없을 정도로 애를 먹을 것이다. 특히 복지 관련 비용은 단기간에 집중적으로 투여되어야 하기 때문에 실질적인 부담은 훨씬 크다. 북한 주민이라고 해서 몇십 년을 마냥 기다리라고 말할 수 없는 노릇이기 때문에 조기에 집중 투자되어야 한다.

독일도 통일 후 경제적·사회적 충격파 때문에 10년 이상 침체를 겪어야 했다. 독일에 비해 금융의 힘이나 국내시장의 안정성 등에서 상당히 뒤떨어지는 한국으로서는 붕괴 수준의 북한 경제와 생활수준을 떠받치는 과정에서 상당한 위기를 감수해야 한다.

통일비용 준비를 위해 평화체제와 경제협력이 필요하다

통일 자체에 대해 부정적인 생각을 가질 필요는 없다. 장기적으로는 남한과 북한 모두에게 훨씬 더 큰 이익을 가져다주기 때문이다. 먼저 통일이 되지 않았기 때문에 생기는 분단비용도 천문학적 수준이라는 점을 고려해야 한다. 통일은 분단 상황 때문에 지속적으로 들어가는 국방 관련 비용은 물론이고 군사적 긴장 때문에 발생하는 경제적 불안정성도 벗어날 수 있다는 점에서 큰 이익이 된다.

또한 한국경제가 맞닥뜨리고 있는 노동력 문제 해결에도 기여한다. 현재 한국은 생산 가능 인구가 감소 추세에 있다. 노동력 문제는 앞으로 한국경제에 먹구름을 드리우는 요소 중 하나다. 통일될 경우 해체되는 북한군 등을 포함해 북한 노동 인력 1700만 명이 한국 생산 가능 인구에 편입되고 여기에 한국 군대에 묶여 있던 인력이 추가될 수 있다는 점에서 노동력 문제가 근본적으로 해결된다. 약 10조 달러 가치로 평가되고 남한의 20배로 추정되는 북한 지하자원도 경제성장에 큰 기여를 할 부분이다.

통일 자체는 명분만이 아니라 실질적인 측면에서도 남한과 북한 모두에게 도움이 된다. 문제는 제대로 준비되지 않은 상태에서 급작스러운 통일로 갈 경우 한꺼번에 밀려드는 통일비용을 한국이 감당하기 어렵다는 점이다.

그렇기 때문에 남북이 평화협정을 통해 군사적 불안정성을 해소하고 체계적인 경제협력 사업을 전개하는 일이 중요하다. 급작스러운 통일비용을 전적으로 감당하는 것이 불가능하거나 최소한 위험하다고 판단하는 이유는 남한과 북한의 심각한 경제적 격차 때문이다. GDP 총액이 40배 이상 차이가 나는 상태에서 기계적이든 화학적이든 단기간에 결합이 일어날 때 여기저기에서 시스템 균열이 생기거나 속도가 늦어지는 현상, 심한 경우 급제동 현상이 나타나리라는 것은 어렵지 않게 예상할 수 있다.

통일 전에 북한 경제가 개혁개방을 통해 어느 정도 궤도에 오르도록 만드는 방법이 가장 바람직하다. 개성공단 사업이나 금강산 관광 사업 등은 이를 위한 훌륭한 출발이었다. 개성공단 사업을 비롯해 남북 경제협력을 봉쇄하는 조치는 아무리 '대박'이라는 격한 말로 포장하더라도 결국 통일을 하지 말자는 주장이거나 혹은 북한 붕괴를 통한 급작스러운 통일을 기대하는 주장으로 연결된다. 남과 북을 모두 혼란에 빠뜨릴 매우 위험한 발상이다.

남과 북이 서로의 체제를 인정한 상태에서 상당 기간의 경제적·사회적 협력을 통해 북한 경제가 일정 정도의 자생력을 갖도록 이끄는 정책이 통일비용을 최소화하면도 실질적인 통일로 나아가는 지름길이다. 개성공단만이 아니라 북한 주요 도시에 경제협력을 위한 거점을 확보하고 다양한 산업 분야에서 유기적인 연결 통로를 만들어야 한다.

48 /

대북지원은 북한 주민에게 전달되지 않는다

그동안 국제사회는 북한에 식량지원을 해왔고, 한국은 식량지원은 물론이고 경제협력 사업도 해왔죠. 문제는 정작 사정이 절박한 주민은 지원받지 못하고 북한 정부가 모두 가져가 군량미로 사용한다는 점이에요. 또한 우리 정부에서 발표했듯이 개성공단에서 북한 노동자에게 지급한 임금도 노동당에서 가져가 핵개발이나 사치품 구입에 이용하고요. 대북지원이든 경제협력이든 주민이 아닌 북한 정권 지원이기 때문에 중단해야 합니다.

식량지원에서 주민은 소외되는가?

북한이 자주 식량위기를 겪고 기아 위험이나 영양실조 상태에 처한 주민이 많다는 것은 세계에 잘 알려져 있다. 한국은 몇 차례 대북 식량지원을 했으나 그럴 때마다 군량미로 사용되니 중단해야 한다는 주장이 극우세력에게서 끊임없이 터져 나왔다. 쌀 지원을 중단하면 기아에 허덕이는 주민의 불만이 폭발해 북한 정권이 흔들릴 것이라는 기대감도 크게 작용했음은 의심할 여지가 없다.

우리가 안 하면 북한은 어디서도 식량지원을 받을 수 없다는 생각은 지극히 순진하거나 무지한 발상이다. 한국의 참여 유무와 무관하게 기아 국가에 대한 식량지원은 전 세계적으로 상당히 광범위하게 이루어진다. UN 산하 세계식량계획(WFP)은 1995년 평양에 상주하는 사무소를 개설한 이래 현재까지 지속적으로 북한을 지원하고 있다.

북한 주민 수백만 명에 대한 긴급 식량지원 활동이 여러 차례 이어졌다. 유럽연합 집행위원회도 100억 원 상당의 구호 식량을 북한에 지원한 바 있다.

WFP는 최근에도 매달 북한 취약 계층 100만 명 지원을 목표로 사업을 한다. 2016년 하반기에 거의 매달 2000~3000t에 이르는 식량을 지원했다. WFP에 따르면 여전히 북한 주민의 영양 상태는 매우 열악하다. 양강도 내 탁아소 어린이 32%가 발육부진 상태다. 함경남도(27.1%), 평안북도(26.3%), 황해북도(25.7%), 함경북도(25.5%), 강원도(24.4%), 황해남도(22.4%)의 발육부진도 심각하다. 탁아소 어린이 평균 영양실조 비율은 25.4%다. 주민 1명에 배급되는 하루 평균 식량은 380g인데, UN의 최소 권장량 600g에 크게 못 미친다.

식량이 제대로 전달되는지 확인할 수 없고, 군량미로 이용된다는 주장은 분배 과정과 감시 절차에 대한 이해 부재를 드러낸다. 국제기구 식량지원은 북한 당국이 전달 및 배급 과정을 감시받는 조건 아래서 이루어진다. WFP는 매달 북한 내 400여 개 지역에 한국어가 가능한 감시 요원을 포함해 직원을 불시에 보내 식량지원을 감시한다.

WFP는 북한 당국이 감시 활동에 매우 협조적이라고 여러 차례 밝혔다. 대변인은 "현장 접근 없이는 지원도 없다"고 했다. 2013년 이래 현재까지 5000~6000여 차례의 분배감시 활동을 벌였다. 현장 방문 시 지역 장마당이 열리면 접근해 감시할 수 있다. 어린이 병원과 탁아소, 유치원, 고아원 등의 직접 방문도 허용한다. 식량 분배 과정에서 중간에 식량이 빼돌려지거나 제대로 분배되지 않는 등의 문제점은 발견하지 못했다고 한다.

WFP 북한 지원 담당관에 따르면 분배감시 과정은 9단계로 이루어진다. 항만에서 보관 창고까지 1단계, WFP 운영 식품제조공장까지 2단계 감시를 통해 이동·보관된다. 포장마다 식별기호가 부착돼 분실 여부를 일일이 확인한다. 공공시설 등에서의 분배 과정인 3단계에 감시요원이 참여한다. 4단계에서는 분배 이후의 손실분을 확인한다. 배송까지 이송 날짜, 책임자, 최종 목적지를 관리서류로 감시하는 5단계, 고아원을 비롯한 시설에 식량지원이 잘되는지를 감시하는 6단계, 분배 보고서를 WFP에 보고하는 7단계, 요원이 해당 지역 방문 평가보고서를 작성하는 8단계, 계절별 영양 평가를 하는 9단계로 이어진다.

WFP 대변인에 따르면 분배감시 요원이 이 모든 과정에서 식량이 중간에 빼돌려지지 않았는지 확인하기 위해 식량의 질과 양을 확인하고 직접 주민이 분배된 식량을 먹는 것도 확인한다. 북한의 눈속임이라고 할 수도 없다. WFP가 24시간 전에 사전 통고를 하면 어느 곳이든지 방문해 분배감시 활동을 할 수 있고, 학교나 탁아소, 병원 등 분배 장소는 WFP가 임의로 선정해 방문한다.

개성공단 임금을 북한 정부가 모두 가져가는가?

2016년 2월에 한국 정부는 통일부 장관을 통해 개성공단 폐쇄와 관련한 입장을 밝힌다. 개성공단 노동자들에게 지급된 임금의 70%가 노동당 서기실에 상납되고 있으며, "핵·미사일 개발, 치적사업, 사치품 구입 등에 사용되는 것으로 파악"됐다는 것이었다. 개성공단이 북한의 핵개발 뒷돈을 대고 있는 꼴이니 사업을 중단하겠다는 발표였다.

당연히 한국 보수 언론은 정부 발표를 확증된 사실인 것처럼 대대적으로 보도했다. 정부 발표와 언론 보도 이후 현재에 이르기까지 한국 국민 가운데 상당수는 개성공단 임금이 핵개발로 쓰였다는 주장을 상식처럼 받아들였다. 정부 스스로 며칠도 되지 않아서 근거 없는 내용이었음을 스스로 인정했음에도 불구하고, 정부든 언론이든 이를 적극적으로 알릴 리 없으니 국민으로서는 애초의 발표를 곧이곧대로 믿게 되었다.

정부 발표 후에 당시 통일부 장관은 개성공단 임금이 북한 노동당 서기실로 유입된다는 주장의 근거를 요구하는 기자들에게 "정보 자료에 해당하는 것으로 이를 국민에게 공개하는 것은 상당히 어려운 일"이라면서 증거를 내놓지 않았다. 그러고 나서 국회에서 논란이 되고 문제가 커지자 통일부 장관은 불과 며칠 만에 국회 외교통일위원회에서 개성공단 임금의 핵개발 전용에 대해 "증거가 있는 것은 아니다. 진의가 잘못 알려져 오해와 논란을 불러일으켜 국민 여러분께 죄송하다"며 자신의 주장을 뒤집는다. "우려가 막연한 얘기가 아님을 강조하기 위해 자료가 있다고 말한 것"이라며 왜곡 사실을 인정하고 사과했다.

더 황당한 일은 문제 당사자인 통일부 장관이 근거 없는 주장이라며 공개 사과까지 했음에도 다음 날 대통령이 국회 연설에서 "우리가 지급한 달러 대부분이 핵과 미사일 개발을 책임지는 노동당 지도부에 전달"되고 있다고 주장한 점이다. 장관의 무책임한 발언을 사과해야 할 자리에서, 어떤 근거도 제시하지 않은 채 장관의 주장을 되풀이한 것이다. 그리고 현재까지도 이와 관련된 증거가 제시된 적이 없음은 물론이다.

북한 정부가 개성공단 임금을 모두 가져가서 핵개발에 사용한다는 주장은 근거가 없을 뿐더러 정부 스스로 왜곡을 인정한 내용이기도 하다. 참고로 개성공단에서 북측 근로자들에게 주는 임금 체계를 보면, 임금의 대부분은 상품교환권으로 지급된다. 한 달 근로한 만큼 산정되어 달러 가치로 계산되며 그 계산의 마지막 확인을 근로자들이 스스로 서명으로 확인한다. 북측 용어로 이를 '수표'라고 한다. 임금의 30%는 무상교육-무상의료 등의 소위 사회주의 국가시책 운영기금인 '사회문화시책금'으로 공제하고 나머지 70%를 대부분 상품교환권으로 지급한다. 상품교환권으로 쌀, 밀가루, 채소 등의 식료품과 생활용품을 구입한다. 일부 조선 돈으로 지급되는 부분은 주로 생일, 잔치, 장례 등 상호부조에 쓰인다고 한다.

49 /

사회주의는 완전히 몰락했다

1990년 전후에 소련을 비롯하여 동유럽 사회주의 국가들이 무너지면서 사회주의는 역사의 뒤안길로 완전히 사라졌어요. 국가가 수요를 계산하고 공급을 결정하는 사회주의가 살아남을 수 없음이 입증되었죠. 개인의 소유를 부정하는 사회주의 사회에서는 애초에 창의력과 효율성이 불가능했어요. 결국 사회주의는 자본주의와의 체제경쟁에서 패배했어요. 그러므로 자본주의를 비판하고 이미 몰락해 사라진 사회주의의 긍정적 측면을 논하는 건 참으로 무모한 일이죠.

어떤 사회주의인가에 따라 다르다

사회주의의 몰락을 소련 등 동유럽 사회주의 국가로 한정한다면 맞는 이야기다. 1990년을 전후하여 동유럽 사회주의 국가가 연쇄적으로 몰락한다. 과거 소비에트 연방으로 묶여 있던 11개국이 '독립국가연합' 창설을 선언하면서 사회주의의 맹주였던 소련이 해체된다. 또한 베를린 장벽 붕괴와 함께 45년간 동서로 분단되었던 독일이 통일되면서 동독이 몰락한다. 슬로베니아, 크로아티아, 마케도니아에 이어 보스니아-헤르체고비나까지 분리 독립함으로써 유고슬라비아 연방도 해체된다. 마찬가지로 동구 사회주의 국가였던 체코슬로바키아, 헝가리 등도 무너진다.

하지만 사회주의 전체가 몰락했다는 의미라면 사실과 다르다. 동구 사회주의 국가가 역사적으로 사회주의의 주요한 흐름인 것은 맞지만 전부는 아니다. 이미 소련이 만들어지기 전에도, 또한 소련을 중심으로 동구권이 강한 힘을 발휘하던 때도 서유럽을 중심으로 사회주의의 큰 흐름으로 사회민주주의가 있었다. 사회민주주의 이념과 정치세력은 현재도 정치적·사회적으로 유럽에서 상당한 영향력을 발휘한다.

사회민주주의는 민주주의가 발달함에 따라 혁명 대신 의회 민주주의 정치를 통해 점진적 방법으로 자본주의의 문제점을 개혁해나가는 사회주의다. 사유재산과 시장경제를 인정하되 강력한 노동법, 주요 산업의 공기업화, 폭넓은 복지정책 등을 추진한다. 서유럽의 대표적인 사회주의 정당으로 프랑스 사회당, 독일 사회민주당, 영국 노동당, 오스트리아 사회민주당, 스위스 사회민주당, 스웨덴 사회민주당 등이 활발한 활동을 한다. 서유럽의 많은 나라에서 20~40%의 지지율을 기록한다. 사회당이 집권 경험을 가진 나라도 많다.

유로코뮤니즘도 하나의 흐름이다. 소련식 사회주의를 비판하면서 '레닌주의'나 '프롤레타리아 독재'를 버리고 사회당이나 보수당과의 정치적 연대를 모색하여 민주적인 정권교체를 용인하는 노선이다. 폭력혁명론 폐기와 합법적 선거를 통한 사회주의 실현, 일당제가 아닌 다당제 실현, 일정 정도의 사유재산제 허용 등을 중시한다는 점에서 사회민주주의와도 친근성을 갖는다. 스페인, 이탈리아, 프랑스 등을 중심으로 상당히 큰 세력을 형성했다.

'중국 특색의 사회주의'로 불리는 중국식 사회주의도 하나의 경향이다. 주로 덩샤오핑 이후 중국의 사회주의를 가리킨다. 정치적으로는 사회주의 정책을 견지하면서도 경제적으로는 상당 기간 시장경제를 통한 자본주의 발달을 추진한다. 자본주의 국가에도 공기업이나 국가의 경제정책 등에서 계획경제가 존재하듯이, 사회주의 국가 또한 시장경제가 존재할 수 있다고 주장한다. 일방적·절대적 평등정책보다는 덩샤오핑의 "부유할 수 있는 사람부터 먼저 부유해져라"라는 개혁·개방노선처럼 실용주의적 요소가 강하다.

그만큼 사회주의는 역사적으로 다양한 스펙트럼을 갖는다. 이념과 정책도 여러 갈래다. 기존 동구 사회주의처럼 국가체제로서의 성격을 지니기도 하고, 서유럽 사회민주주의처럼 정책적 성격이 강하게 나타나기도 한다. 특히 사회주의는 자본주의 위기나 구조화된 빈부격차 등을 비판하며 대안을 모색할 때 중요한 자양분 역할을 한다.

사회주의가 현대사회에 미친 영향은 크다

사회주의는 국가체제로서만 의미를 갖는 것이 아니다. 사회당 집권으로만 나타나는 것도 아니다. 자본주의를 표방하는 보수 정당이 집권한 상태에서도 정책을 통해 스며들어간다. 국가 간 관계나 복지정책 등 많은 부분에 영향을 미친다.

역사적으로 사회주의는 세계 식민지 해방운동을 자극했다. 특히 2차 세계대전까지 자본주의 내에서 소수의 제국주의 국가와 대다수 식민지로 분리되었다면, 사회주의 운동은 식민지 해방을 옹호한다. 사회주의는 20세기 초반 이전에도 자본주의 체제가 전 세계에 강제한 식민지의 해방에 적극적 관심을 갖는다. 러시아 혁명 이후에도 유럽과 아시아 지역 식민지 민족해방 세력의 지원자 역할을 한다.

2차 세계대전이 끝난 후 식민지 독립 과정에서 동구와 아시아 지역의 상당수 국가들이 사회주의 지향성을 갖게 된 것도 이와 관련이 깊다. 독일 점령하에서 동유럽 여러 나라의 레지스탕스 운동을 주도한 것이 사회주의 세력이다. 이들은 독일 점령에서 벗어나자마자 전체적으로 주도권을 잡고 자연스럽게 사회주의 지향성을 갖는다. 유고슬라비아, 알바니아, 루마니아, 불가리아, 폴란드, 헝가리, 체코슬로바키아 등이 비슷한 사정이다. 여기에 중국과 베트남 등 아시아 국가도 가세한다. 영국, 프랑스, 미국 등 기존 식민지 지배국들에게 식민지 노선을 포기하도록 압박을 가한다. 이들 강대국이 계속 식민지를 강요하다가는 약소국의 민족해방운동이 사회주의 경향으로 나아갈 것이 점차 분명해졌기 때문이다. 결국 강대국들은 군사적·영토적 지배를 동반하는 오랜 식민지 지배노선을 포기하게 된다.

사회주의는 자본주의 노동정책과 복지정책에도 적지 않은 영향을 준다. 20세기 초에 사회주의 운동이 발전하기 전까지 영국, 프랑스, 독일 등 유럽 국가는 노동자에 대한 재분배나 복지정책에 거의 관심이 없었다. 애덤 스미스 이래의 이른바 야경국가 노선에 충실히 따랐고, 오직 기업의 이윤 극대화를 보장하는 데 충실할 따름이었다. 그 결과 극도의 빈부격차가 일반적 현상으로 나타난다.

하지만 20세기 초반 이후 사회주의 운동에 고무된 유럽 노동자들의 투쟁이 확대됐고, 이에 위협을 느낀 각국 정부는 노동정책과 복지정책에서 일정한 양보 조치를 취하지 않을 수 없게 된다. 영국에서는 자본가와 노동자 대표 동수로 구성되는 공공산업위원회 계획이 제안된다. 독일도 각 산업에서 기업의 여러 문제에 노동자 대표가 논의 · 결정에 부분적으로 참여하는 제도가 만들어진다.

2차 세계대전 당시 프랑스를 비롯한 많은 서유럽 국가에서 독일에 대한 레지스탕스 운동에 참여했던 중심이 사회주의 세력이다. 저항운동 과정에서 사형된 사람 대부분이 사회주의 정당에 속한 사람들이었기에 전후에 위상이 급부상한다. 서유럽 각국 정부는 노동자 요구의 혁명적 상승을 완화하기 위해 적극적인 사회복지제도에 덧붙여 노동자의 경영참여를 가능하게 하는 공동결정법이나 경영참여법 등을 수용한다. 자본주의가 사회주의와 경쟁하는 과정에서 체제 안정을 위해 부득이하게 노동정책에서 노동자의 참여를 확대하고 복지정책을 통해 빈부격차를 완화하는 방향으로 간 것이다.

50 /

사회주의의
반대말은
민주주의다

민주주의와 사회주의는 적대적 관계죠. 민주주의의 특징은 시장경제를 인정하고 개인의 자유를 최대한 보장하는 데 있으니까요. 이에 비해 사회주의는 시장경제 자체를 부정하고 계획경제를 도입하려는 경향을 갖잖아요. 민주주의 가치와는 상반된 방향으로 나아가죠. 그러므로 사회주의에 민주주의를 연결하는 건 뜨거운 아이스크림이라는 말처럼 말장난에 불과해요. 민주주의는 사회주의의 사고방식이나 정책에서 완전히 벗어나는 곳에서 시작하는 거예요.

민주주의와 사회주의는 다른 범주다

먼저 민주주의와 사회주의를 반대 개념으로 생각하는 것은 개념과 범주의 혼란이다. 결론부터 말하면 민주주의의 상대어는 사회주의가 아니라 독재정치나 권위주의다. 민주주의의 어원인 데모크라시democracy는 그리스 시대부터 '인민의 지배'라는 의미다. '다수의 지배'라는 의미로도 확장된다. 국가의 주권이 특정 개인이나 특권 계급이 아니라 모든 사회 구성원에게 있고, 주권을 가진 다수 개인의 권리를 기반으로 한 정치를 실현하는 사상 및 형식을 말한다. 그러한 의미에서 사회체제를 논할 때 비교적 정치적인 면과 밀접한 관련을 맺는다.

사회주의는 상대적으로 경제적인 면과 긴밀한 관계를 갖는 개념이다. 사회주의의 상대어로는 자본주의가 적절하다. 사회주의는 다양한 흐름이 있기는 하지만 경제를 사적인 소유나 교환행위로만 보지 않고, 국가를 비롯한 공적 영역의 적극적 역할을 중시한다. 사회주의 이론에 따라 공적 영역을 국유화로 한정하는 경우도 있고, 폭넓게 공동체적 소유를 확장하거나 사적 소유와 공적 소유의 공존을 지향하는 경우도 있다. 어쨌든 공적인 개입을 통해 소유와 분배에 있어서 평등 요소를 더 강화하는 경향성을 지닌다.

자본주의의 전형적인 개념은 철저한 사적 소유를 전제로 한다. 사적 소유권에 기초하여 개인과 개인 사이의 자유로운 교환에 기반한 시장경제를 절대시한다. 물론 여러 차례의 공황이나 불황 등 경제위기와 사회 변화 과정에서 현실 자본주의는 시장에서의 국가의 역할을 일부 인정하고 소유에 대한 일부 간섭도 용인한다. 하지만 기본적으로는 사적 소유와 시장에서의 자유로운 교환을 중요한 기반으로 한다.

물론 이러한 구분이 절대적 기준은 아니다. 엄밀하게 접근하자면 민주주의는 정치적인 면만이 아니라 사회·경제적인 면도 일정하게 포함한다. 마찬가지로 사회주의나 자본주의도 정치적인 의미까지 포함할 수 있다. 정치·경제·사회 개념이 선명하게 나뉠 수는 없다. 그렇지만 위의 구분은 상대적 기준이라는 전제 아래 기본적 개념에 대한 이해를 하는 데 적합하다.

민주주의와 사회주의는 직접 대조가 적절하지 않은 개념쌍인데 왜 이렇게 무리한 비교가 상식처럼 자리 잡았을까? 상당 부분은 한국의 역대 정권이 독재통치를 가리거나 미화하려는 의도가 작용한 탓이다. 반공 이데올로기를 지속적으로 주입하면서 형성된 사고방식이기도 하다. 한국의 역대 정권은 노골적으로 독재정치를 하거나 권위주의 통치 성격이 강했다. 반민주적 성격을 가리기 위해 민주주의의 상대 개념을 다른 데서 찾을 필요가 있었다. 가장 편리한 방법이 한국사회에 깊게 뿌리내린 반공 이데올로기에 편승하는 것이었다. 사회주의에 대항하면 곧 민주주의라는 착각을 만들어낸 것이다.

현대사회를 민주주의라고 할 수 있는가?

우리는 흔히 대의제 절차가 정착되면 민주주의가 충족되었다고 생각한다. 1980년대 후반 이후 다수결에 의한 대통령 직선제가 도입되고, 지방자치 선거도 실시되면서 한국사회의 민주주의 과제가 해결되었다고 여긴다. 하지만 현실은 사회 구성원 다수의 의사보다는 특정 집단의 이익이 국가 운영에 더 강하게 반영되는 방향으로 간다.

우리만의 문제는 아니다. 대부분의 현대 자본주의 국가는 정부와 기업이 결합해 민주주의 쇠락을 향한 길로 가고 있다. 기업은 단순히 부의 상징을 넘어 권력의 상징이 되어 있다. 기업이 하나의 권력으로서 국가 권력과 강하게 결합되고, 갈수록 기업의 영향력이 커지는 상황이다. 그만큼 사회 구성원 다수의 의사가 변질되고 왜곡되는 결과로 이어질 수밖에 없다. 민주주의가 자기 근거를 조금씩 잠식당하는 상황이다.

기업과 가까운 소수 정치 엘리트, 즉 정치 귀족의 힘도 민주주의를 무력화하는 주요 요소 중 하나다. 정치적 엘리트주의는 소수가 권력을 어느 정도 독점하는 것이 마땅하다는 믿음에 기초한다. 자신의 지위가 대중적 승인이 아니라 개인의 특별한 자질과 재능 덕분이라고 생각한다. 현실에서 대의제는 누가 다수인지를 판가름하는 공정한 게임의 규칙이 아니다. 대의 민주주의 규칙이 축구나 야구와 같은 팀 스포츠의 규칙과 동일한 기능을 하고 있다고 생각한다면 큰 착각이다.

예를 들어 미국의 주지사나 상원의원, 일본의 의원 중에 적지 않은 사람이 선거를 통해 할아버지, 아버지에 이어서 직책을 맡는다. 선거라는 절차를 거쳤지만 결과적으로는 대대로 의원이나 주지사로 선출된다. 선거가 중립적 절차가 아님을 보여준다. 이미 부를 갖추고 정치적 인맥을 구축한 세력에게 유리할 수밖에 없는 절차다. 적어도 기득권을 가지고 있는 정당이나 정치세력, 개인에게 유리한 조건을 만들어주고 있음은 부인할 수 없다.

현대 대의제 민주주의에서 핵심 역할을 하는 언론도 기업의 영향에서 자유롭지 못하다. 형식적으로는 언론의 자유가 존재하지만, 문제는 언론이 중립적이지 않다는 점이다. 대다수 주요 언론이 중립은커녕 일부 특권적 사회집단의 나팔수 역할을 하는 것이 다반사다. 전체 국민에게 영향을 미칠 정도의 언론사를 운영하려면 거대한 자본이 필요하다. 그러므로 언론사 자신이 거대한 기업이거나 혹은 거대 기업이 언론사를 직접 만들곤 한다. 거대 기업이 언론을 직접 경영하지 않더라도 그들이 언론사를 실질적으로 통제할 수 있는 수단은 얼마든지 많다. 특히 언론사의 밥줄이라고 할 수 있는 광고 계약을 통해 자신의 구미에 맞는 방식으로 기사의 방향을 유도한다.

당연히 소수의 이해가 다수의 뜻인 양 왜곡되는 현실에서 민주주의라는 말 자체가 우스워진다. 그러므로 대의제 선거 절차나 형식적인 언론의 자유 보장으로 민주주의가 전반적으로 정착되었다고 생각하면 오산이다. 히틀러의 사례에서 알 수 있듯이 대의제 다수결 절차는 가장 극단적인 독재정치를 만들어내기도 한다.

대의제라는 절차적 정당성은 민주주의의 출발이지 완성은 아니다. 진정한 의미의 민주주의가 실현되기 위해서는 사회 구성원 다수가 실질적으로 정치에 참여할 수 있는 폭이 확대되어야 한다. 사회적으로 자치 영역이 확장되고, 나아가서는 사회적 약자를 포함하여 국민 다수의 실질적 이익이 실현될 수 있는 데까지 확장되어야 한다.